济南社会科学院·济南系列蓝皮书

总 主 编 付道磊
副总主编 张 伟 齐 峰

济南社会蓝皮书
Blue Book of Jinan Society
（2024）

养老保险对中国家庭消费的影响研究

杨志媛 著

济南出版社

图书在版编目（CIP）数据

济南社会蓝皮书.2024：养老保险对中国家庭消费的影响研究/杨志媛著.——济南：济南出版社，2024.10.——（济南社会科学院济南系列蓝皮书/付道磊总主编）.——ISBN 978-7-5488-6775-3

Ⅰ.D675.21

中国国家版本馆CIP数据核字第2024D6L620号

济南社会蓝皮书（2024）

JINAN SHEHUI LANPISHU 2024

杨志媛　著

出 版 人　谢金岭
责任编辑　陈玉凤　侯建辉
装帧设计　焦萍萍

出版发行　济南出版社
地　　址　山东省济南市二环南路1号（250002）
总 编 室　0531-86131715
印　　刷　济南鲁艺彩印有限公司
版　　次　2024年11月第1版
印　　次　2024年11月第1次印刷
成品尺寸　165mm×237mm　16开
印　　张　14
字　　数　178千字
书　　号　ISBN 978-7-5488-6775-3
定　　价　68.00元

如有印装质量问题　请与出版社出版部联系调换
电话：0531-86131736

版权所有　盗版必究

《济南社会蓝皮书（2024）》
编 委 会

学术顾问 谢 堃

主　　任 付道磊

副主任 张 伟 齐 峰

目 录

第一章 绪论
- 一、问题的提出 1
- 二、研究意义 4
- 三、研究思路与研究方法 6
- 四、创新与不足 11

第二章 文献综述与理论基础
- 一、经典消费理论 15
- 二、养老保险与消费的关系 31
- 三、理论基础 46
- 四、本章小结 56

第三章 中国养老保险与居民消费现状描述
- 一、居民消费现状及储蓄动机 57
- 二、中国养老保险制度构成与改革历程 63
- 三、居民养老保险参与现状 67
- 四、本章小结 72

第四章　参加养老保险对家庭消费的影响
  一、计量模型选取 73
  二、数据与变量处理 77
  三、基准实证结果 84
  四、异质性分析1：不同参保人群 88
  五、异质性分析2：不同参保状态 93
  六、稳健性检验 98
  七、影响机制检验 102
  八、本章小结 105

第五章　参保阶段转换对家庭消费的影响
  一、计量模型选取 109
  二、数据与变量处理 110
  三、基准实证结果 119
  四、异质性分析 124
  五、稳健性检验 130
  六、影响机制检验 134
  七、本章小结 136

第六章　省级参保情况对家庭消费的影响
  一、理论分析 139
  二、计量模型与变量处理 143
  三、基准实证结果 146
  四、异质性分析 149
  五、稳健性检验 152
  六、本章小结 156

第七章 参加养老保险对主观消费感受的影响

    一、计量模型与变量处理 158

    二、主观消费感受与客观消费支出的关系 163

    三、基准实证结果 168

    四、异质性分析 172

    五、稳健性检验 178

    六、影响机制检验 180

    七、本章小结 181

第八章 结论与政策建议

    一、主要结论 184

    二、政策建议 189

参考文献 192

第一章 绪论

一、问题的提出

消费一直是学术界和全社会居民共同关注的重要问题。从经济学理论上来看，一方面，按照支出法计算的国内生产总值分为消费、投资和出口，三者共同拉动经济增长；另一方面，消费和储蓄也是所有微观个体和家庭都需要面对的跨期行为，这与其享受福利状况息息相关。然而，中国的消费支出和消费率，相较于发达国家以及部分同等收入水平国家而言偏低。世界银行的相关统计数据显示，以2015年不变价美元计算，2022年世界平均水平的人均居民最终消费为6424.50美元，而中国仅为4465.33美元，世界平均水平的居民最终消费率为56.76%，而中国仅为38.63%[①]。

消费问题一直是中国经济建设的重要内容之一。1995年，党的十四届五中全会提出转变经济体制，转变经济增长方式的建议[②]，这对中国经济发展具有重要意义。亚洲金融危机使出口业务受到较大影响，1998年的中央经济工作会议强调要重点促进消费需求增长[③]。2007年，

---

① 详细的消费现状描述可参见本书的第三章。
② 资料来源于中国政府网，http://www.gov.cn/test/2008-07/10/content_1041274.htm。
③ 资料来源于中国政府网，http://www.gov.cn/test/2008-12/05/content_1168856.htm。

党的十七大报告提出要促进经济增长由主要依靠投资、出口拉动转向依靠消费、投资、出口协调拉动转变，强调了要提高消费对经济增长的贡献以及坚持扩大消费需求的方针①。2008年受世界金融危机的影响，外部经济环境出现恶化趋势，这也威胁到中国经济的平稳发展，为此，国务院出台了十项扩大内需的相关措施②。2011年，"十二五"规划再次强调转变经济发展方式和扩大内需的重要性，并且将消费需求的扩大作为战略重点③。2016年，"十三五"规划开始强调消费的升级④。除了上述提到的文件之外，同时期还有诸多其他政策文件都强调了消费的重要性，这说明促进消费、扩大内需的问题一直受到高度重视。

2019年末暴发的新冠肺炎疫情对中国及其他国家居民的生命健康带来了重大威胁，也影响了各国的经济发展，无论是内部环境还是外部环境都存在诸多风险和不确定性，如何在疫情防控的同时稳定经济发展是各个国家面临的重要挑战。国家统计局公布的数据显示，国内生产总值增长率由2019年的6%下降至2020年的2.2%，最终消费支出对国内生产总值增长贡献率由2019年的58.6%变为负值。在此背景下，中央经济工作会议和政府工作报告都将恢复和扩大消费作为重要内容。2020年的中央经济工作会议强调要"坚持扩大内需这个战略基点"⑤，2021年的中央经济工作会议指出当前中国经济发展面临着"需求收缩、供给冲击、预期转弱"三方面的压力⑥，2022年的中央经济工作会议指出"要

---

① 资料来源于中国政府网，http://www.gov.cn/ldhd/2007-10/24/content_785431.htm。
② 资料来源于中国政府网，http://www.gov.cn/zmyw200811b/content_1143698.htm。
③ 资料来源于中国政府网，http://www.gov.cn/2011lh/content_1825838.htm。
④ 资料来源于中国政府网，http://www.gov.cn/xinwen/2016-03/17/content_5054992.htm?url_type=39&object_type=webpage&pos=1。
⑤ 资料来源于中国政府网，http://www.gov.cn/xinwen/2020-12/18/content_5571002.htm。
⑥ 资料来源于中国政府网，https://www.gov.cn/xinwen/2021-12/10/content_5659796.htm。

把恢复和扩大消费摆在优先位置"①，2023年的中央经济工作会议继续强调要"着力扩大国内需求"②。2022年的政府工作报告指出"推动消费持续恢复"③，2023年的政府工作报告强调"着力扩大消费和有效投资"④，2024年的政府工作报告提出"促进消费稳定增长"⑤。2023年7月，《国务院办公厅转发国家发展改革委关于恢复和扩大消费措施的通知》（国办函〔2023〕70号）出台，形成促进消费的一揽子政策，各省市也相继出台针对地方的促消费政策。"十四五"规划则提出了"以国内大循环为主体、国内国际双循环相互促进"的新发展格局⑥。可以说，从短期来看，消费的恢复与增长对受到疫情影响的中国经济十分关键；从中长期看，扩大内需促进消费是构建双循环新发展格局的重要要求。

从经济学角度看，微观个体或家庭的消费储蓄行为受到诸多因素的共同影响，例如收入、年龄、家庭人口数量及结构和未来不确定性等，不同的消费理论具有各自的侧重点。如何在即期消费和未来消费或储蓄之间做出安排和权衡，关系到个体一生中不同时期的效用水平和福利状况。通常来说，个体需要在劳动年龄阶段赚取劳动收入并将其分配至工作阶段以及退出劳动市场后的老年阶段。养老保险政策的特点为经济个体在非老年阶段缴费或进行劳动供给，在老年阶段获取稳定的养老金收入，在一定程度上保障了经济个体的老年生活来源。这使得养老保险既可能影响到老年群体的消费，也可能影响到缴费群体的消费。随着中国

---

① 资料来源于中国政府网，https://www.gov.cn/xinwen/2022-12/16/content_5732408.htm。
② 资料来源于中国政府网，https://www.gov.cn/yaowen/liebiao/202312/content_6919834.htm。
③ 资料来源于中国政府网，https://www.gov.cn/premier/2022-03/12/content_5678750.htm。
④ 资料来源于中国政府网，https://www.gov.cn/premier/2023-03/05/content_5744708.htm。
⑤ 资料来源于中国政府网，https://www.gov.cn/yaowen/liebiao/202403/content_6936260.htm。
⑥ 资料来源于中国政府网，http://www.gov.cn/xinwen/2021-03/13/content_5592681.htm。

老龄化程度的加深和预期寿命的延长，老年人口所占比例不断提高，经济个体的老年阶段在整个生命周期中的比重也越来越大，养老保险对于经济个体的保障作用也越来越凸显。因此，有必要研究养老保险给家庭消费带来的影响。中国存在多种类型的养老保险政策①，其覆盖人群、保障力度以及实施时间长度等各方面均存在明显差异，这也为研究养老保险与消费的关系提供了丰富的素材。

本书关注的是，在影响微观家庭消费的诸多因素中，养老保险是否扮演着重要角色，是否会对消费产生显著影响？如果养老保险能够对消费产生影响，其作用方向和作用大小如何？参加养老保险需要经历一定时长的缴费或工作过程才能领取养老金，在整个参保周期中，不同参保阶段转换对消费的影响如何体现，其影响会随着参保时间长短而有所变化吗？如果从宏观汇总的层面观察，养老保险与家庭消费的关系是否仍然存在？除了容易观测到的客观货币支出，是否有其他能够衡量主观消费感受的指标变量，其与客观消费的关系如何，又会受到养老保险的何种影响？在养老保险与消费关系的背后，有哪些可能的影响渠道？不同类型家庭受到的影响是否相同？在中国的现实环境下，对上述这些问题进行研究，具有重要的理论价值和现实意义。

二、研究意义

从理论方面来看，中国多种类型的养老保险政策和宏、微观数据能够为本书提供丰富的研究角度。本书利用城乡居民基本养老保险的实施

---

① 本书各章节所涉及的养老保险类型有城乡居民基本养老保险、机关事业单位养老保险、城镇职工基本养老保险以及笼统的社会养老保险。

和推广，研究了家庭新加入该类养老保险后的消费变化；利用养老金领取政策和退休政策中的年龄规定，研究了养老金领取或退休冲击带来的家庭消费变化。综合这两个方面来看，本书可以得到家庭在整个参保周期内消费的变化，也就是家庭养老保险持有状态从无到有转变时，以及从缴费或工作阶段到领取养老金阶段转变时的家庭消费变化。从微观和宏观两个层面展开研究，有利于从更全面的视角检验养老保险与消费的关系，提供更有说服力的证据。对主观消费心理进行研究，能够得到养老保险对消费态度的影响，有助于判断养老保险是否能降低参保者对未来不确定性的预期。异质性分析有助于识别出受影响更大的群体，而影响机制的研究有助于理解养老保险对消费产生作用的渠道。总之，在中国的制度环境下，研究养老保险对家庭消费的多维度影响，有助于加深对两者关系的理解，也有助于为相关研究提供丰富的经验证据。

从应用角度来看，本书能够根据研究结果提供针对性的政策建议。城乡居民基本养老保险的实施时间相对较短，有很大一部分人群实现了参保状态从无到有的转变。这一转变是否会对参保家庭的消费产生影响？这一影响是否能够长期存在？对这些问题进行讨论，有助于为政策的推广和完善提供依据和方向。实施时间相对较长的机关事业单位养老保险和城镇职工基本养老保险需要参保者办理退休手续后领取养老金，参保者的年龄是重要的退休条件之一，在老龄化加剧使中国面临较大养老负担的背景下，探讨参保阶段转化对消费的影响，有助于为延迟退休等方案设计提供依据。老龄化和少子化等现象容易增加中老年空巢居住的可能性，据此区分参保群体得到的异质性分析结果，有助于思考中老年的消费特点，从而为其提供合适的产品和服务。

三、研究思路与研究方法

（一）研究思路

本书的整体思路是首先回顾相关经典文献并梳理养老保险与家庭消费之间关系的研究，为后续内容提供分析基础，进而提出理论分析并使用数据进行实证检验，最后结合理论基础与经验证据提出针对性政策建议。

在主体研究对象上展开多维考察，从微观家庭和宏观汇总两个层面分析了养老保险对消费的作用，其中也分别讨论了客观消费行为和主观消费心理所受到的影响，也关注了养老保险对家庭消费产生影响的多种渠道。在逻辑顺序上，依据养老保险参保状态和参保阶段的自然发展规律，首先讨论家庭参保状态从无到有的转换对消费的影响，这一转换可以是从无保险状态到缴费状态，也可以是从无保险状态到领取养老金状态。其次，讨论已参保状态下的参保阶段转换对消费的影响，即缴费阶段转换至领取养老金阶段，这对机关事业单位养老保险和城镇职工基本养老保险来说是缴费（或工作）阶段至退休阶段的转换，对城乡居民基本养老保险来说是缴费阶段到领取阶段的转换，两者的区别在于后者不要求参保者退出当前工作。再次，在讨论了微观家庭层面的客观消费后，继续讨论宏观省级层面的整体参保情况对消费的影响，省级层面数据反映了整体平均状态，有助于从更为长期的视角观察养老保险对消费的影响，也有助于观察相应趋势或规律。最后，讨论完客观消费后，再转向主观消费的讨论，这有助于从多维度理解养老保险对消费的影响。

本书由以下八章构成，各章主要内容如下。

第一章，绪论。这一部分主要介绍了问题的提出背景、研究意义和研究思路与研究方法，并总结了本书的创新之处和研究不足之处。

第二章，文献综述与理论基础。首先，梳理了国外经典消费理论的发展脉络，主要可以总结为基于生命周期假说或持久收入假说进行的补充和扩展，也有学者从行为经济学角度分析消费行为。其次，整理关于养老保险与消费关系的国内外研究和讨论。最后，依据已有相关研究提出本书的理论分析框架，并总结选取了养老保险对消费的作用机制。

第三章，中国养老保险与消费现状描述。首先，对比中国与其他国家的消费情况，回顾中国消费的变化趋势，可以看到中国消费仍然存在不足。通过储蓄动机分析，可以看到中国居民在安排消费储蓄行为时所考虑的主要因素，也证实了居民为养老进行储蓄的重要性和普遍性。其次，梳理中国养老保险制度的建立与改革历程，整理不同类型养老保险的制度特点，为后续分析提供制度背景。再次，总结当前中国居民各类养老保险参保现状。

第四章，参加养老保险对家庭消费的影响。城乡居民基本养老保险的实施惠及大量家庭，使其实现养老保险"从无到有"的转变，这一章主要使用PSM-DID方法评估了家庭这一状态变化对其消费带来的影响。年龄超过60周岁的参保者一般可以直接领取养老金，其余符合条件的参保者需要先缴纳一定的保费，具体分析时也检验了这两类群体是否存在异质性。此外，也检验了空巢与非空巢家庭的异质性。在所有分析中，均考虑了参加养老保险时间长短的影响，同时也进行了影响机制检验。

第五章，参保阶段转换对家庭消费的影响。除了城乡居民基本养老保险在最初实施的时候规定符合年龄及其他条件的人群可直接领取养老金，所有类型的养老保险均需要参保者缴纳一定时长的保险费（或工作一定时长）后才能够领取养老金或办理退休手续，这一章主要使用断点回归方法分别检验了家庭参保由缴费（或工作）阶段转换至领取（或退休）阶段时发生的消费变化以及相关作用机制。

第六章，省级参保情况对家庭消费的影响。微观个体的参保和消费状况经由省级层面的汇总可以得到宏观层面的变量，这一章利用各个省份统计年鉴的相关面板数据，进一步研究汇总层面上养老保险与消费的关系，并根据各省份老年人口对养老金的依赖程度进行等级划分，进行异质性讨论。

第七章，参加养老保险对主观消费感受的影响。客观消费行为主要是容易被观测到的支出金额或支出结构等，而养老保险对主观消费心理感受的影响也同样重要。这一章提出了主观消费压力与客观消费支出相互依存的理论关系，利用工具变量法横向对比了参加社会养老保险和未参加社会养老保险家庭的客观消费支出与主观消费压力及消费观念，并进行了机制检验。

第八章，结论与政策建议。这一章总结和归纳了全书主要的研究结论，并据此提出相应的政策建议。

本书的研究思路如图1-1所示。

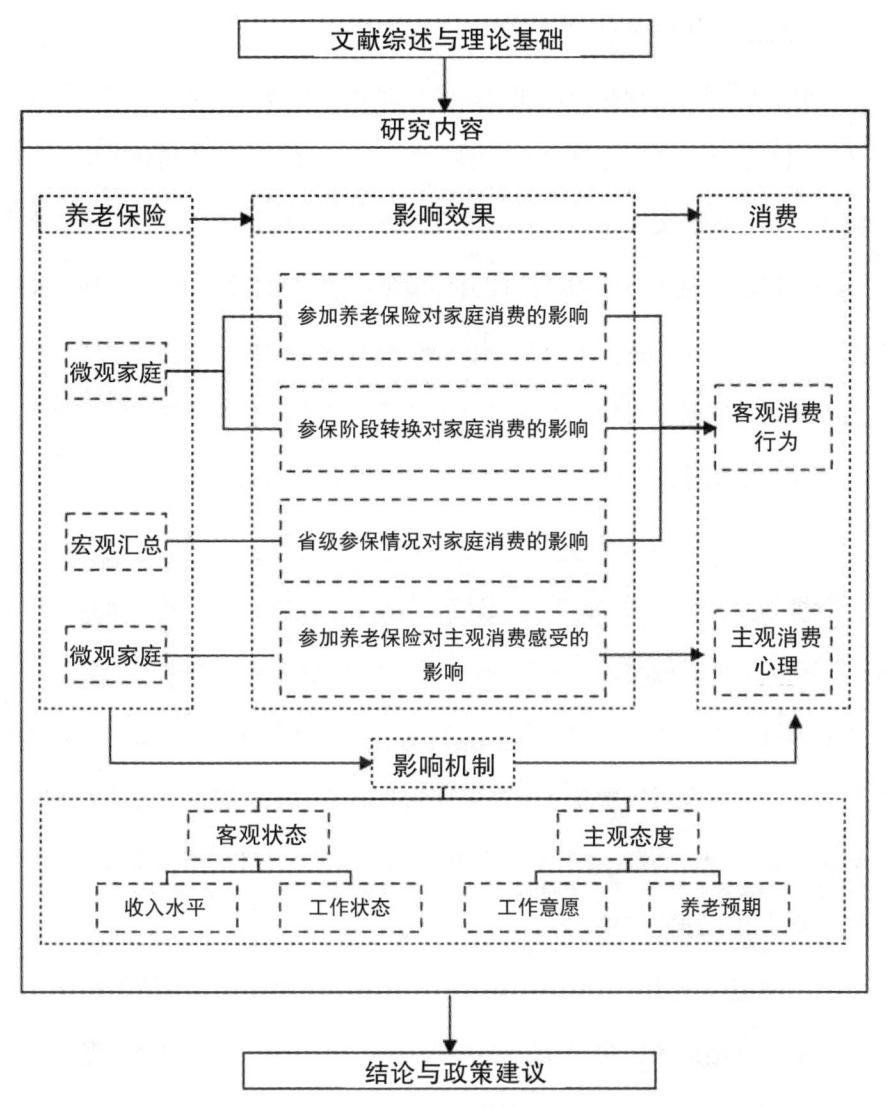

图 1-1 研究思路框架图

（二）研究方法

在文献综述、现状描述和理论分析部分，本书主要使用了文献研究法、归纳总结法和研究对象维度细分法。通过收集、阅读和分析相关文献，了解研究历史，总结已有的研究结论，寻找可扩展的方向以及研究空白。对研究对象所处的经济社会环境进行描述和总结，得到其现状特点，为后续分析提供事实基础。根据研究对象本身的特点进行维度细分，更详细地考察研究对象以得到更具体的研究结论，并进而尝试提出更有针对性的政策建议。

在实证分析的变量选取部分，本书将解释变量和被解释变量进行了多维度细分。在养老保险制度变量的使用上，兼顾微观家庭层面和宏观汇总层面的研究问题，选用家庭是否参保、参保阶段和参保时长等变量代表家庭参保现状，选用省级平均参保率、缴费率和替代率表示汇总状态。消费变量在对应微观和宏观研究问题的基础上，被区分为客观消费结果与主观消费心理变量。不同维度变量的使用，有利于细化研究问题，得到更全面的研究结果。

在实证分析的计量方法选取部分，本书的整体出发点是降低内生性问题对计量结果的影响，以提高研究结论的可信度。根据研究问题与可获取数据的特点，本书主要使用了倾向得分匹配双重差分法（PSM-DID）、断点回归设计、工具变量法、面板固定效应模型方法以及广义矩估计方法。具体来说，PSM-DID用于研究家庭参保状态从无到有的纵向变化对消费的影响，断点回归法用于研究家庭成员在年龄临界点附近发生的参保阶段转变对消费的影响，工具变量法用于研究参保与非参保家庭消费的横向对比，面板固定效应模型方法和广义矩估计方法用于研究宏观汇总层面养老保险与消费的关系。

四、创新与不足

（一）主要创新点

对研究对象进行多维度分析，本书得到养老保险影响中国家庭消费的多重经验证据，既包括微观家庭与省级汇总层面的证据，也包括客观消费支出与主观消费感受层面的证据。整体来看，各章节的养老保险变量涵盖了微观家庭变量（受访家庭参保状态、类型、阶段和时长）和宏观汇总变量（省级平均参保率、缴费率和替代率），分别对应微观层面和宏观层面养老保险对家庭消费的影响；消费变量涵盖了客观变量（支出水平、支出结构和消费率）和主观变量（对即期消费的态度和消费压力），分别对应实际消费行为和消费心理感受。本书能够从微观家庭数据中得到养老保险对家庭主客观消费的影响方向、影响大小、影响时效、影响时点以及影响机制，也能从省级汇总数据中得到养老保险参数与家庭消费率的关系。通过多维度多层次的分析，能够得到更细致和全面的结果，避免单一角度分析结果的片面性，也有利于提出具有针对性的政策建议。

结合中国不同类型养老保险的政策特点，本书较为全面地考察了参保过程中的不同状态转换对消费的影响，研究结果有助于理解整个参保周期内微观家庭消费变化的全貌。第一，利用城乡居民基本养老保险实施时间相对较短以及自愿参保等特点，本书使用 PSM-DID 方法分析了微观家庭的养老保险持有状态"从无到有"的转变对消费的影响，发现参保家庭无论是直接领取养老金还是开始缴费，消费均得到不同程度的刺激；随着参保时长增加，参保行为对消费的影响依然存在，表明参保对消费的作用可以持续。第二，根据养老金领取和退休制度的规定，本书使用断点回归方法分析了家庭从缴费（或工作）到领取养老金的状态变化对消费的影响，发现机关事业单位养老保险或城镇职工基本养老保险参保家庭的退休行为会使家庭减少消费，而城乡居民基本养老保险参保家庭从缴费到领取状态的转换对消费影响较小。综合来看，家庭在参加养老保险后的消费水平一般会高于未参保时水平，而从缴费到领取养老金的状态转变一般会使家庭消费有所下降。这些研究结果能够反映家庭在面对不同参保状态时的消费调整，也能够反映不同类型养老保险对消费的影响存在差异性。

结合老龄化和空巢化的背景，本书分别探讨了养老保险对空巢与非空巢家庭消费的异质性影响。空巢家庭参加城乡居民基本养老保险后或者从缴费阶段转换至领取养老金阶段时的消费变化较小；办理退休使家庭消费减少；参保和非参保家庭的横向对比显示，空巢参保家庭消费更多，主观消费压力有区别。非空巢家庭参加城乡居民基本养老保险后消费变化相对更明显，由缴费转为领取时消费出现下降；办理退休时家庭消费变化不明显；相应横向对比显示，参保与非参保家庭消费差别在城镇样本中较明显。在具体消费类别上，空巢与非空巢家庭的表现也存在较大差异。这些研究结果有助于区分不同家庭结构下的消费调整差异性，为保障老年人消费层面的福利提供依据。

根据不同研究问题，本书探讨了养老保险对消费的影响机制，以厘清作用渠道，从而加深对养老保险与消费关系的理解。本书将影响机制划分为家庭收入、劳动力供给（包括主观工作意愿和客观工作状态）和老年生活来源预期三种。结果显示，直接领取城乡居民基本养老保险养老金可以增加家庭收入，从而刺激消费，而办理退休手续会降低家庭收入，从而降低家庭消费意愿。参与城乡居民基本养老保险缴费使家庭工作意愿降低；从缴费（或工作）转换至领取养老金（或退休）后，家庭工作概率下降，这会带来家庭收入以及消费的减少。参保城乡居民基本养老保险的家庭，其成员在老年时期以养老金为主要生活来源的概率会显著增加，横向对比显示，城镇参保家庭依赖家庭子女养老的概率更低，对子女养老依赖性的下降以及对养老金依赖性的提高都有助于促进消费。这些研究结果能够弥补已有文献对机制分析的不足，从多个角度分析养老保险与消费之间的逻辑关系。

（二）研究不足

在研究内容上，一方面，本书未能涉及补充性养老保险和商业养老保险；另一方面，企业或机关事业单位为员工缴纳保险费对企业储蓄的影响也没有涉及。这些内容都是养老保险制度的重要组成部分，探讨这些方面有助于更全面地理解养老保险制度在消费领域的作用。但是，由于补充性养老保险和商业养老保险的参保人数较少，参保人群通常具有类似特征，这容易给实证分析带来样本量过小以及样本选择问题，进而影响分析结果的准确性，而关于企业保险费缴纳和对应企业储蓄的数据较难获取。出于对以上现实情况的考虑，本书没有进行相关探讨，在未来的研究中笔者会持续关注养老保险制度的发展以及研究数据的增加，以扩充研究内容。

在研究结论上，本书的数据分析结果不适合直接推广到全部人群。

这主要是由数据和计量方法的使用造成的，不同微观调查数据的侧重人群和访问重点存在差异，省级面板数据存在调查口径的变化，所使用的计量方法得到的数据结果存在内部有效性和外部有效性的权衡问题。具体来说，CHARLS（中国健康与养老追踪调查）数据的受访家庭主要是含有45岁及以上年龄成员的家庭，相关研究结论可能主要适用于中老年家庭；CGSS（中国综合社会调查）数据所包含的养老保险数据较为笼统，无法详细区分社会养老保险种类，相关研究结论的针对性稍差；省级面板数据统计口径的变化可能影响结论适用的时间、区间。不同的计量方法存在自身的识别条件，这通常需要将样本限制在一个小范围内，从而影响结论的推广。为了使研究结论的适用范围更广，在研究数据和计量方法更新时笔者会展开更详细的研究，以增加结论的稳健性和全面性。

第二章　文献综述与理论基础

本章主要论述了以下两方面的内容：第一，对相关文献进行梳理和总结，主要内容可以划分为经典消费理论，以及养老保险与消费关系的研究；第二，提出本书的理论基础，为后续章节的实证研究提供分析框架，主要内容可以划分为养老保险与消费在不同维度上的关系，以及养老保险对消费产生影响的渠道。

一、经典消费理论

（一）国外消费理论梳理

自凯恩斯（Keynes）提出有效需求不足理论以来，学术界出现了大量针对消费和储蓄的研究及探讨。凯恩斯认为总量消费主要取决于当期收入水平，并总结了心理规律来解释消费增加幅度小于收入增加幅度的现象，凯恩斯的消费理论也通常被称为绝对收入假说。但是随着统计数据的丰富以及经验研究的推进，出现了诸多绝对收入假说无法解释的经济事实，这也催生了新的消费理论来解释这些现象，如相对收入假说、持久收入假说以及生命周期假说。从时间顺序上来看，相对收入假说的提出时间较早，生命周期假说与持久收入假说几乎在同一时期出现；从应用的广泛程度来看，生命周期假说和持久收入假说被更多地讨论，这些假说提出之后，也有许多相应的扩展研究。各个假说的提出背景与主要内容，以及后续的补充和扩展研究如下。

库兹涅茨（Kuznets，1942）估计了美国1879年至1938年国民收入的构成情况，以10年为一个计算单位，得到此区间内最终消费和资本形成总额平均所占的比例，避免了短期波动所造成的影响。结果显示，在这60年的时间里，尽管国民收入有了大幅度提升，但最终消费率和资本形成率基本保持稳定，尤其是1919年之前，而这明显与绝对收入假说的预测不一致。詹姆斯·杜森贝里（Duesenberry，1949）根据早期的居民家庭收支调查数据，如消费者购买支出调查，发现高收入水平对应的储蓄率更高，这与库兹涅茨的发现相反。商务部公布的年度数据显示，储蓄率会随收入波动而波动。基于这三个重要事实，他提出两个假设：一是个体消费行为会受到其他个体的影响，这在心理学和社会学上可以找到依据，这使得个体在相对分布中所处的百分比越高，储蓄率越高，与绝对收入无关；二是消费与收入的关系在时间维度上是不可逆的，即收入下降与收入上升对消费的影响是不对称的，个体消费行为也受到自身历史收入的影响，这使得经济萧条时期的储蓄率受历史最高收入的影响，而经济增长时储蓄率可以保持稳定。杜森贝里的理论通常被称为相对收入假说，可以在一定程度上解释上述三个重要事实。布雷迪和弗里德曼（Brady and Friedman，1947）也认为消费个体受到其所处相对收入分布位置的影响。

弗里德曼（Friedman，1957）提出了更为一般性的持久收入假说，他从概念上将收入和消费区分为持久性部分和暂时性部分，持久性收入主要反映那些能够决定财富水平的因素所带来的影响，也可以理解为个体预期到的水平，暂时性收入更多是一些偶然因素或经济波动带来的。在特定假设下，也可以得到相对收入假说中储蓄率依赖于相对收入分布的结论。当假定经济个体所处组别内的平均暂时性收入为零时，平均收入水平即持久性收入水平，个体收入高于平均水平时暂时性收入大于零，个体在相对收入分布中所处的位置也较高，可以得出储蓄率受收入分布的影响的结论。弗里德曼的主要观点可以总结为持久性消费与持久性收入具有较为稳定的比例关系，这一消费比例主要取决于利率、财富收入比和其他影响消费个体资产积累偏好的因素。

莫迪利安尼（Modigliani，1954，1979）在几乎同一个时期提出了生命周期假说，他认为已有的消费理论存在相互矛盾和较为片面的现象，试图构造统一的分析性框架，对横截面数据和时间序列数据上的发现给予一致性的解释。他从消费者选择理论出发，通过使用边际效用方法和构造个体消费函数，进而形成总量消费函数，用于解释分析时间序列数据和横截面数据得到的经验结果。生命周期假说探讨了经济个体的储蓄动机，认为将储蓄完全视为被动行为是不合适的，个体整个生命历程中总会存在收支不相符的阶段，特别是退休后失去劳动收入来源，经济个体通常在工作期进行储蓄来满足老年期的消费以及应急需求。他假设个体将期望的终身财富在整个生命周期内进行相对平均的分配，终生财富由当期收入、期望未来收入和已积累资产组成，而这一分配行为主要受到利率和年龄等的影响。短期内的个体消费率会受到当期收入与预期收入差异的影响，未被预期到的收入上升会增加储蓄，反映在横截面观测数据中，即外在表现为收入越高储蓄率越大，这是由于收入高的阶层内当前收入大于预期水平的家庭通常更多。进一步地，结合人口结构数据加总微观个体消费函数即得到宏观总量消费函数，经济增长速度和人口年龄结构都会影响总消费率，经济增长使工作期人口的正储蓄超过老年期的负储蓄。

生命周期假说的终身财富概念与持久收入假说的持久收入概念有类似之处，都强调了经济个体对未来收入的预期以及对预期资源的理性分配，认为消费与当期收入无关，更依赖于终身财富水平，当期收入偏离预期的部分会短暂地影响消费。莫迪利安尼（Modigliani，1986）认为生命周期假说和持久收入假说的主要区别在于持久收入假说基于经济个体有无限寿命，而生命周期模型建立在经济个体生命有限的基础上，使经济个体能够关注生命周期内不同时期收入和需求的系统性变化，同时也能将遗赠动机考虑在内，这使得生命周期假说的适用性和扩展性更强。此外，这一区别也使两种假说得到的生产率提高对总量消费的影响方向相反，在无限寿命的情况下，生产率提高使持久收入提高进而使所有人消费增加，而生命周期假说认为生产率提高会使较年轻群体的正储蓄更多，从而使总量储蓄增加，而消费减少。安格斯·迪顿（Deaton，1992）将持久收入假说和生命周期假说归纳为一般跨期选择的两个特例，也肯定了生命周期假说对消费理论的基础性作用。

生命周期假说提出之后，有诸多经验研究验证了其基本结论。安多和莫迪利安尼（Ando and Modigliani，1963）主要使用1929年到1959年的时间序列数据对生命周期假说的基本结论，检验了总量消费与收入水平和资产水平之间的线性关系，剔除了1941年至1946年的战争时期数据，结果基本支持生命周期假说，验证了资产净值对消费的重要作用。

莱夫（Leff，1969）使用74个国家的数据检验了收入状况与人口年龄结构对总量储蓄率的重要影响。结果显示，人口抚养负担有降低储蓄率的作用，这也部分地解释了发达国家与发展中国家储蓄率的差异，发展中国家的高人口抚养负担抵消了收入增长对储蓄率的促进作用。

霍尔（Hall，1978）认为实证检验生命周期假说或持久收入假说的文章大多都将抽象的未来收入表示为当期收入以及过去收入的函数，这与理性预期的原则相悖。他从生命周期及持久收入假说出发，从理论层面上推导出消费的边际效用及消费本身遵循随机游走过程（random walk），即理性消费者的当期消费已经涵盖了当期所有相关福利信息，除当期消费外其他变量不应该具有预测未来消费的能力。在实证层面，霍尔认为在检验生命周期或持久收入假说时容易受到收入内生性等问题的干扰而影响结果，他利用回归方法在估计条件期望方面的优势来避免自变量内生带来的问题，使用时间序列数据分析的结果显示，当期收入无法预测未来消费，即支持生命周期持久收入假说。霍尔的研究也使消费理论开始更多地关注不确定性。

学界也存在一些与生命周期假说或持久收入假说结论不一致的重要发现。弗莱文（Flavin，1981）认为，持久收入假说意味着当期消费与上一期消费的差值应该是来自持久收入的更新，她通过分析收入的时间序列数据，提取量化了当期收入中所包含的持久收入更新信息，消费者根据这些新信息更新对未来收入的期望，据此可以观察消费的变化值与当期收入变化值以及持久收入变化值的关系。使用结构方程进行估计的结果显示，控制了持久收入的更新信息后，当期收入变化仍然对消费变化有影响，弗莱文将其称为过度敏感性（excess sensitivity），这与生命周期持久收入假说的推论不符。霍尔和米什金（Hall and Mishkin, 1982）使用微观数据遵循霍尔（Hall, 1978）的类似思路进行了验证，假设收入可以区分为持久性部分和暂时性部分，而家庭可以对收入的不同成分区别对待，并做出不同程度的消费调整。结果显示，消费变化与滞后一期的收入变化相关，而这无法用生命周期持久收入假说的理论模型解释。进一步假设样本可以区分为符合生命周期假说预期和不符合生命周期假说预期的家庭，有约20%的家庭消费与收入成比例，剩余80%的家庭遵循生命周期理论的预测规律。坎贝尔和曼昆（Campbell and Mankiw, 1989）使用宏观时间序列数据检验随机游走假说，文章假设消费者可以区分为符合持久收入假说的群体以及根据当期收入消费的群体，这与霍尔和米什金（Hall and Mishkin, 1982）的思路类似。结果显示，大概有50%的群体根据当期收入安排消费行为，这表明消费者行为不完全符合持久收入假说的预测，并且在经济上具有高度的显著性。

坎贝尔和迪顿（Campbell and Deaton, 1989）根据持久收入假说推导出消费或储蓄的近似表达式及预计标准差，但实际消费的标准差要小于理论估计值，文章称其为过度平滑（excess smoothness）并使用VAR模型验证了这一情况。作者认为，这是由于当期消费变化受到滞后一期收入变化的影响，而消费者可以根据上一期收入变化预测当期收入变化，从而使可预测的当期收入变化与消费变化相关，这与弗莱文（Flavin, 1981）所指的过度敏感性是一致的。

无论是消费的过度敏感现象还是过度平滑现象，都在一定程度上挑战了生命周期假说和持久收入假说的解释力以及合理性。这些不一致现象使经济学家从新的角度来扩展和修正生命周期/持久收入假说。生命周期假说原始理论将预防性储蓄动机定义为用资产积累来应对无法被预期的意外，如收入意外下降或支出意外增加，该动机只是被用来说明经济个体为什么储蓄，并未详细讨论该动机如何影响消费者行为［莫迪利安尼（Modigliani，1954）］。里兰德（Leland，1968）认为，预防性储蓄尚未在已有经济理论中得到正式的分析，经济学家通常将预防性储蓄动机和风险规避视为相同的概念，他通过一个两阶段的消费模型论证了风险规避与预防性储蓄动机是不同的，收入的不确定性会增加预防性储蓄动机。桑德默（Sandmo，1970）区分了收入风险和资本风险来说明不确定性对经济个体消费行为的影响，德雷泽和莫迪利安尼（Dréze and Modigliani，1972）也讨论了不确定性下的消费行为。金博尔（Kimball，1990）认为可以将风险规避和预防性储蓄动机进行类比分析，借鉴风险规避理论分析存在不确定性情况下的最优选择，把最优选择对风险的敏感程度称为"谨慎"，表示个体对不确定性的厌恶程度，并提出了绝对谨慎和相对谨慎的衡量指标。扎德斯（Zeldes，1989b）通过数值模拟的方法来近似收入不确定条件下的消费路径，结果与确定性等价模型的预测差异较大，数值模拟结果得到了与霍尔和米什金（Hall and Mishkin，1982）类似的消费过度敏感性，也得到了较大比例的预防性储蓄，没有不确定性时的消费水平要高于不确定性条件下消费水平的20%。

除对预防性储蓄动机讨论不足之外，原始生命周期假说也未能充分考虑到消费者无法自由借贷的情况，而金融市场的不完善容易使得经济个体面对流动性约束，其消费行为可能无法达到生命周期假说所预测的状态。林文夫（Hayashi，1982）指出跨期最优行为的推导几乎都依赖于未来预期变量，因此需要认真考虑其代理变量问题，他认为使用过去收入来模拟未来收入是没有可信理论依据的。他通过使用未来收入的随机差分方程来避免主观设定具体的收入过程，并通过工具变量法来检验消费函数是否遵循持久收入假说，其结果随着消费定义的不同而变化，他通过对耐用品消费的分析来解释结果的差异，他的结果也在一定程度上为流动性约束的存在提供了证据。扎德斯（Zeldes，1989a）认为以往的文章以生命周期假说是否适用于实际数据作为研究目的，当数据结果不符合假说所预测的结果时，只得到了生命周期假说不适用的结论，而没有继续讨论可能存在的解释。他使用了PSID微观面板数据，有针对性地对流动性约束作为生命周期假说不适用时的备择解释进行检验。结果显示，流动性约束的存在会影响到很大一部分人的消费行为。迪顿（Deaton，1992）认为霍尔和米什金（Hall and Mishkin，1982）的结果也能解释为流动性约束可能对消费行为有影响。弗莱文（Flavin，1991）从储蓄角度检验了流动性约束是否能够解释消费对当期收入的过度敏感性。结果显示，家庭确实会使用资产财富来平滑消费，但平滑程度无法达到生命周期和持久收入假说预期，根据资产区分家庭后的分析结果显示，流动性约束无法解释上述现象。

迪顿（Deaton，1989）认为，流动性约束和预防性储蓄动机可以相互作用，并构建了缓冲存货模型。进一步地，迪顿（Deaton，1991）针对不同的收入变动过程，讨论了流动性约束对储蓄行为的解释力，他重点考虑了消费者同时具有不耐心和谨慎的特点，这使得预防性储蓄动机与流动性约束相互影响，共同作用于消费行为，消费者持有资产主要是为了将其作为缓冲存货来抵御收入的波动，并不会长期持有大量资产。卡罗尔和萨默斯（Carroll and Summers，1991）提供了与生命周期模型含义不一致的重要证据，他对比了 OECD（经济合作与发展组织）国家的消费和收入数据，发现消费增长率与收入增长率几乎相等，他认为迪顿的缓冲存货模型可以对此提供很好的解释。卡罗尔（Carroll，1994）使用家户调查面板数据推算了未来收入，并对当期消费是否依赖于生命周期持久收入假说所指的预期终身收入进行了检验，结果发现消费与当期收入水平相关但与预期收入变化不相关，并且未来收入的不确定性会使消费减少。他认为这与迪顿（Deaton，1991）所说的缓冲存货模型一致，即预防性储蓄动机会使谨慎的消费者降低消费意愿，储蓄主要是作为抵御不确定性的缓冲存货。卡罗尔（Carroll，1997）系统阐述了自己的缓冲存货模型，他认为消费者在面临收入不确定性时，会保持金博尔（Kimball，1990）所指的谨慎，也即预防性储蓄动机；同时也缺乏耐心，即未来收入已知时的消费会高于当前水平。满足这两个特点的消费者行为被称为缓冲存货储蓄。进行缓冲存货储蓄的消费者存在目标财富收入比，当其财富低于目标值时，预防性储蓄动机更强，消费者进行正储蓄；当财富高于目标值时，消费者变得更缺乏耐心而进行负储蓄。将具有这类特点的消费者纳入生命周期/持久收入假说中进行分析，可以解释与其他理论不一致的经济现象。卡罗尔（Carroll，1994）认为自己的缓冲存货模型更侧重预防性储蓄动机，而迪顿的模型更侧重流动性约束。迪顿（Deaton，1992）认为存在流动性约束的情况下，预防性储蓄动机会被强化，同时也很难完全将流动性约束与预防性储蓄动机的存在完全剥离，这两种理论都有可能造成经济个体的缓冲存货储蓄行为。

虽然预防性储蓄动机与流动性约束都能够在一定程度上补充生命周期和持久收入假说，但是也有文献认为这两个因素无法为消费现象提供完整的解释。例如，戴南（Dynan，1993）利用消费的变异性来衡量风险程度，进而估算预防性储蓄动机的大小，使用工具变量法回归得到的结果无法拒绝预防性储蓄动机为零的原假设，且估计值也非常小，因此给出预防性储蓄动机不重要的结论。希亚（Shea，1995）巧妙地利用工会合同信息筛选出能够较为准确地预期工资收入的家庭，验证消费变化是否符合生命周期和持久收入假说的推论，即消费变化与可预期收入变化无关，结果显著拒绝了生命周期和持久收入假说，消费变化与可预期工资变化显著正相关。使用流动资产富裕程度区分样本的分析显示流动性约束无法解释上述结果，区分消费对工资上升和下降的不同反应时，显示消费对预期收入下降更敏感，这也无法用消费者短视来解释，而损失厌恶假说能在一定程度上解释这个现象。也有学者从消费习惯和耐用品角度来对生命周期假说和持久收入假说进行补充扩展，例如曼昆（Mankiw，1982）将霍尔的随机游走假说扩展至耐用品，卡罗尔等（Carroll et al.，2000）强调了消费者习惯形成的重要作用，考虑消费习惯后的模型能够很好地解释从经济增长到储蓄增加的因果关系。

生命周期假说和持久收入假说的理论构建主要基于理性经济个体的最优化行为，基于该原始理论或扩展理论的实证检验仍然存在诸多争议，因此也有学者从行为经济学角度出发来解释消费行为。例如，谢夫林和泰勒（Shefrin and Thaler，1988）提出行为生命周期假说，将自我控制的困难性、划分心理账户以及将不同类型财富划分进入不同心理账户（mental accounts）等行为特征包含进生命周期假说进行扩展，并使用问卷调查和其他心理学与社会科学文献研究结果为假说的推论提供证据支持。罗文斯坦和普雷莱茨（Loewenstein and Prelec，1992）使用双曲线贴现函数（hyperbolic discount function）来解决消费者在跨期决策中出现的时间偏好不一致现象。

后续关于消费行为的研究多是基于上述理论模型，使用不同数据对相关理论的推断进行验证，或者着重考察某些经济变量对消费的影响。许多学者重点关注生命周期阶段中的老年阶段消费行为，研究经济个体退休后的消费支出是否能保持平滑。阿吉亚尔和赫斯特（Aguiar and Hurst）通过多篇文献研究了退休对家庭消费的影响，主要通过家庭生产替代市场购买的角度解释退休后的消费下降问题（Aguiar and Hurst，2005；Aguiar and Hurst，2007；Aguiar and Hurst，2013）。巴蒂斯廷等（Battistin et al.，2009）认为与工作有关的支出减少以及同住子女数量的减少造成退休后的消费下降现象。维拉德和赫尔曼（Velarde and Herrmann，2014）认为退休后的消费变化更多是一种有计划的消费结构转变，主要表现为外出用餐以及工作相关支出的减少以及居家用餐时间的增加。还有学者关注经济个体的储蓄是否能满足退休阶段的消费需求［伯恩海姆（Bernheim，2000）；肖尔茨等（Scholz et al.，2006）］。生命周期理论强调了人口年龄结构对消费的影响，许多学者延续这一思路展开讨论。塞内西（Senesi，2003）通过世代交叠模型强调了人口年龄结构与消费的关系，埃兰森和尼门（Erlandsen and Nymoen，2008）使用总量时间序列数据实证检验了人口年龄结构对总量消费的影响，柯蒂斯等（Curtis et al.，2015）使用生命周期模型从人口年龄结构的角度解释了中国的高储蓄现象。关于预防性储蓄理论的研究也有大量讨论，例如，古林查斯和帕克（Gourinchas and Parker，2001）通过分解的方法研究了美国预防性储蓄的重要程度，李和泽田（Lee and Sawada，2010）

使用巴基斯坦数据估计了谨慎系数，结果显示受流动性约束的家庭更谨慎，博阿尔（Boar，2021）提出父母具有为子女进行预防性储蓄的动机。还有学者通过新的数理模型或数据分析方法进一步讨论了消费与收入的关系，例如帕克（Parker，2017）通过随机实验研究了消费平滑行为，高默（Commault，2022）通过结构化模型讨论了消费对于暂时性收入冲击的反应。

（二）中国消费函数研究

通过梳理国外消费理论的发展脉络可以看出，消费者的跨期决策行为非常复杂，难以使用单一因素进行解释。基于国外的制度背景和文化背景所提出的消费理论，在中国的环境下是否适用，能够在多大程度上解释中国的消费现状？一方面，有许多学者使用中国的数据对国外消费理论进行了验证；另一方面，也有许多学者认为国外的消费理论无法直接用于解释中国的经济现象，因而提出了更具有针对性的中国消费理论或消费函数。

中国由计划经济体制向市场经济体制的转变带来了一系列制度变革，消费者面对的经济环境发生巨大变化。因此，中国较为早期的消费研究主要讨论的是整体经济体制变革对消费行为的影响。龙志和（1994）认为传统经济体制使中国城镇存在不完全消费品市场，福利补贴和配给性消费品造成城镇居民的可支配收入与消费性质无法直接与国外发达国家对等。经济体制转型使中国经济逐渐向完全消费品市场接近，体制转型也带动各类具体制度改革，例如住房、医疗和社会保障制度等。这些变革改变了居民预期，使居民开始考虑长期消费，自愿储蓄增加。臧旭恒（1994）以1978年为时间节点，区分了该节点之前与之后的中国消费函数，由于经济环境的差异，1978年之前的消费者更接近凯恩斯绝对收入假说的特点，而1978年之后的消费者更具有前瞻性。张平（1997）利用前瞻性消费模型分城乡估算了1978年之后的中国消费函数，结果显示居民的边际消费倾向和平均消费倾向均呈现下降趋势，作者认为中国的制度变迁能够解释消费者行为。西方消费理论建立在较为完善的市场经济体制下，而中国正处于从传统体制向市场经济体制转型的过程中，居民面临着较大的不确定性和风险，因此需要重新认识中国的消费者行为，居民在传统体制下基本是无风险预期，而在转型条件下需要开始考虑跨期决策问题，价格改革以及社会保障等制度变革是居民消费倾向持续降低的重要原因。袁志刚和宋铮（1999）主要关注了城镇居民的消费行为，认为计划经济体制下的城镇居民劳动收入水平较低且相对稳定，大部分收入被用于生活必需品的购买，稳定的收入水平和福利制度使居民储蓄动机较弱。转轨时期的居民在收入路径和社会保障制度等方面存在较大的不确定性，预防性储蓄增加；住房和子女教育等方面的大额消费面临流动性约束，使得消费倾向下降。刘建国（1999）讨论了中国农户的消费行为，他认为农业活动本身就容易受到天气、季节和生产周期等因素的影响而使农户收入不确定，而面对传统农业向现代农业的转变，农户为了权衡自身农产品需求与市场需求，往往需要增加农作物种类，这进一步加大了收入风险，这一特点也使农户比城市居民面临更大的流动性约束。农村经济体制转型下的土地制度改革不完善，使农户的社会义务过大，增加预期收入的不确定性；同时农户也无法被城镇社会保障制度覆盖，这些都造成了农户的低消费倾向。

在市场经济体制尚未成熟的初期，起源于发达国家的消费理论无法完全适用于中国消费者，许多学者根据中国的制度特点和文化特点等，构建了更具针对性的消费模型，其中比较有代表性的理论主要假设了中国居民的消费具有阶段性或周期性特征。余永定和李军（2000）认为中国的经济环境与西方发达国家有很大差异，中国的消费者行为无法用生命周期假说或持久收入假说进行解释和预测。他们假设中国居民消费具有阶段性特点，居民在不同时期会存在特定的消费需求进而产生相应的储蓄目标，例如结婚、生子和养老等，在当前阶段的消费需求或储蓄目标得到满足之前，消费者较少考虑其他阶段的需求。他们根据这个特点，构造了包含短期储蓄目标的消费者预算约束条件，并进行效用最大化的推导，得到的宏观消费函数可以用1978—1998年的数据验证。叶海云（2000）同意余永定和李军（2000）关于中国消费者特点的假设，在此基础上构建了短视消费模型，强调在经济体制转轨的进程中，消费者无法对未来信息产生准确预期，因而只能进行短期规划来满足近期的储蓄目标或消费需求，造成消费需求不足。尉高师和雷明国（2003）使用"大额刚性支出"概念来表示阶段性的支出高峰，并且将这一概念纳入家庭周期化的最优决策模型中，得到居民平均消费倾向会随着刚性支出额的增加而降低的推论。他们认为经济体制改革造成了这一刚性支出额的增加，从而降低了居民消费倾向。

制度变迁使消费者面临的不确定性增加，而金融体系的不完善使居民面临流动性约束，因此许多学者开展了关于中国居民预防性储蓄的研究。有学者系统介绍和总结了西方预防性储蓄理论的概况和进展（臧旭恒和朱春燕，2000；龙志和和周浩明，2000a），也有学者针对中国的情况进行了实证检验。万广华等（2001）实证检验了随机游走假说及其扩展模型，并将模型的时间区间分为经济改革前与改革后，结果证实了改革后流动性约束和不确定性对消费函数的显著影响。宋铮（1999）认为预防性储蓄理论可以较好地解释中国居民的高储蓄行为，他在实证检验部分使用城镇居民收入标准差来衡量不确定程度并得到了肯定回答。龙志和和周浩明（2000b）使用1991—1998年的面板数据并借鉴戴南（Dynan，1993）的预防性储蓄模型对中国城镇居民的消费行为进行检验，验证了城镇居民有较强的预防性储蓄动机，而其存在原因主要是由于经济体制改革，这也包括新旧社会保障制度的转变。罗楚亮（2004）使用1995—2002年城镇居民微观调查数据估计了居民消费函数，结果验证了收入、医疗和教育方面的不确定性与消费水平显著负相关。万广华等（2003）利用中国农业部的农户调查数据进行研究，使用家庭成员工作性质、财富水平以及非农化程度来衡量家庭面临的不确定性程度，结果发现预防性储蓄动机以及流动性约束等对农户储蓄率上升有较大解释力。杭斌和申春兰（2005）使用农村相关价格指数构建了预防性储蓄动机变量，以1997年为时间节点估计了前后两个时期的消费函数，结果显示农户预防性储蓄动机的增强可以解释消费倾向的降低。易行健等（2008）借鉴戴南（Dynan，1993）的预防性储蓄模型，使用1992—2006年的农村面板数据，得到了农村居民存在较强预防性储蓄动机的结论。城镇居民和农村居民面临的制度环境和消费特点均有较大区别，然而上述研究表明无论是城镇居民还是农村居民，均存在很强的预防性储蓄动机。邓可斌和易行健（2010）使用微观数据检验了消费者的教育程度和年龄对预防性储蓄动机的影响，发现教育程度能够影响这一动机。李燕桥和臧旭恒（2011）使用收入不确定性与消费的关系衡量预防性储蓄动机的强度，结果证实了该动机是存在的，但对消费的影响程度较小。雷震和张安全（2013）量化分析了预防性储蓄的重要性，得到的结论是居民金融财产的20%—30%是由预防性储蓄造成的。王策和周博（2016）认为房价波动带来的不确定性会加强居民预防性储蓄的动机。姚东旻等（2019）用地震灾害表示不确定性，验证了预防性储蓄动机的作用。

经济体制转型带来的各类制度改革不断深入，为了探索制度改革的成效以及未来发展方向，许多学者开始关注某一类单项制度对消费的影响，例如城镇化政策、教育改革、医疗保险制度和财政政策等。范剑平和向书坚（1999）从逻辑上强调了中国城乡二元结构对居民低消费率的影响，作者认为自1978年以来的城市化进程存在局限性，限制了第三产业的发展，也使得城乡居民存在不合理的收入差距，进而加剧了消费差距，也阻碍了消费需求的增加。胡日东和苏梽芳（2007）使用时间序列数据得到城镇化水平与城乡居民消费增长的动态关系，发现城镇化对农村居民的消费促进效果更好。雷潇雨和龚六堂（2014）构建了包含城乡两部门的理论模型，并通过实证分析得到城镇化水平以及增速对消费率的影响，两者对消费率增长的作用方向相反。易行健等（2020）认为当前的城镇化率增加并没有产生刺激消费的效果，这是由于向城镇迁移的人口没有完全转化为户籍人口，作者将常住人口中的非户籍人口比例定义为半城镇化率，实证结果显示该比例的降低有利于促进消费。杨汝岱和陈斌开（2009）实证分析了预防性储蓄动机增加的原因，从教育改革的角度给出了解释，使用CHIP（中国家庭收入调查）数据的计量结果显示高等教育改革对消费有挤出效应。甘犁等（2010）分别分析了新农合、职工基本医疗保险以及城镇居民医疗保险对参保者消费的刺激作用。白重恩等（2012a）以"新农合"政策为切入点，实证检验了医疗保险制度对居民消费的影响，结果显示参保家庭的非医疗类消费增加。宋月萍和宋正亮（2018）认为医疗保险能够减少流动人口的预防性储蓄。李傲等（2020）以农牧户家庭为研究对象，检验了医疗保险对消费的促进作用。胡永刚和郭长林（2013）使用1991—2009年的省级数据，实证分析了财政政策冲击对居民边际消费倾向的影响，没有被预期到的冲击会对居民边际消费倾向整体产生负效应。郭长林（2016）通过构建DSGE（动态随机一般均衡）模型论证了财政政策在金融市场扭曲时对消费的抑制作用。王成和可汗（Wang C. and Khan, 2020）认为，将财政收入以消费券的形式补贴给居民，有助于刺激消费并降低财政压力。养老保险是社会保障制度的重要组成部分，下一部分单独对养老保险与消费关系的研究进行了综述。

二、养老保险与消费的关系

（一）养老保险与消费关系的国外研究

养老保险通常需要参保者在工作阶段缴纳保险费，以保证他们在退出劳动市场或年老后可以长期领取养老金，因此养老保险有可能会影响到经济个体整个生命周期内的消费行为。发达国家的养老保险制度建立时间较早，发展也更加完善，关于养老保险与消费关系的研究非常丰富。

加特纳（Katona, 1965）和卡甘（Cagan, 1965）发现调查数据中存在拥有养老金的个体消费率更低的现象，前者使用目标梯度（goal gradient）来解释该现象，即养老金使个体更接近储蓄目标而减少当前消费；后者使用认知效应（recognition effect）来解释，即养老金使个体认识到为老年阶段储蓄的重要性而减少当前消费。费尔德斯坦（Feldstein，1974）在此基础上讨论了社会保障与个体储蓄退休决策之间的关系，他从扩展的生命周期模型出发分析经济个体的退休和储蓄决策，把养老保险财富对个体的作用拆解为两个影响方向相反的方面，即资产替代效应（asset-substitution effect）和引致退休效应（inducement-to-retire effect），前者是指养老保险财富通过替代家庭其他资产而减少储蓄，后者是指养老保险财富导致个体提前退休并压缩消费，最终的净效应取决于两者的相对大小。他使用时间序列数据进行了实证检验，结果显示社会保障私人储蓄整体减少了30%—50%。这一观点引发了许多相关争论，可以说，费尔德斯坦（Feldstein，1974）的文章为关于养老保险制度与消费关系的研究奠定了基础，后续很多研究都围绕其进行讨论，既有支持其论断并提供补充证据的研究，也有持相反或中立观点的研究。

对养老保险和消费关系持中立态度的研究以巴罗（Barro，1974）为代表，他的文章在世代交叠模型的框架下讨论了国债对家庭财富的影响，认为代际间转移支付的存在使国债的净效应为零，而该结论也可以应用到现收现付制的社会保障体系内，即遗赠动机使得养老保险对个体的消费储蓄行为无影响。同时，也有部分实证研究结果显示，社会保障没有降低储蓄。埃斯波西托（Esposito，1978）总结了关于社会保障财富是否对私人储蓄有影响的争论，认为已有的经验研究无法提供社会保障降低私人储蓄的证据，这可能是由于现有研究无法从时间序列数据中精确识别这一效应，也可能是因为这一效应本身就不存在。雷默尔和莱斯诺（Leimer and Lesnoy，1982）指出费尔德斯坦（Feldstein，1974）的实证结果存在数据处理错误，重新处理后的结果显示养老保险没有对消费产生显著的影响，这与巴罗的发现一致，也与质疑生命周期理论对消费行为解释力的部分文献一致。费尔德斯坦（Feldstein，1982）对此的回应是1972年的社会保障制度调整对结果有影响，并与雷默尔和莱斯诺（Leimer and Lesnoy，1982）在养老金财富的计算方式方面持有不同看法。莱斯诺和雷默尔（Lesnoy and Leimer，1985）使用五种方法计算了养老金财富并验证社会保障与私人储蓄的关系，结果显示使用不同计算方法会得到相反的结论，他们认为没有证据表明社会保障会减少私人储蓄。费尔德斯坦（Feldstein，1996）使用新数据重新检验了费尔德斯坦（Feldstein，1974）的结论，结果依然支持社会保障财富会减少私人部分储蓄。

有许多文献延续费尔德斯坦（Feldstein，1974）的思路，使用时间序列数据实证检验社会保障或养老保险与储蓄的关系，但是由于样本数据、养老金财富计算方法或模型的不同，所得结果存在较大差异。芒内尔（Munnell，1974）使用时间序列数据验证了社会保障一方面通过增加财富因而挤出了部分私人储蓄；另一方面又使退休阶段的时间跨度延长，从而促使个体储蓄增加。但是，两者的效应基本相互抵消。达比（Darby，1979）从持久收入假说出发，使用时间序列数据检验了社会保障财富对收入和资本积累的影响，结果显示社会保障财富对储蓄的影响不显著。

还有一部分文献使用跨国数据研究社会保障财富与储蓄的关系。巴罗和麦克唐纳（Barro and MacDonald，1979）使用跨国数据进行实证检验，仍然得出社会保障无法对总量储蓄产生影响。莫迪利安尼和斯特林

Modigliani and Sterling,1981)使用跨国数据验证了资产替代效应和引致退休效应，但结果显示大部分国家得到的综合效应为零。费尔德斯坦（Feldstein，1980）使用美国社会保障总署与其他国家合作计算的跨国社会保障收益数据，再次检验了社会保障财富与储蓄和退休的关系，结果支持社会保障挤出储蓄。也有一些从社会保障角度验证生命周期和持久收入假说基本观点的研究，从侧面为费尔德斯坦提供了支持。例如，威尔科克斯（Wilcox，1989）检验了社会保障收益对总量消费支出的影响，认为数据结果不支持生命周期理论，当社会保障收益增加是可预期的时候，在其实际发生时仍然会显著促进消费，减少储蓄。哈伯德等（Hubbard et al.，1995）将预防性储蓄动机和社会保险纳入生命周期模型中，分析了家庭储蓄的决定因素和社会保险对储蓄的影响，认为实证研究中出现部分低收入家庭净财富为零的现象可能是因为特定的社会保险政策，基于经济状况调查的社会保险会挤出那些预期终生收入较低的家庭的储蓄。

科特利科夫（Kotlikoff，1979）认为不同理论关于社会保障对总量储蓄和资本积累影响的结论存在很大差异，需要从实证方面验证社会保障对微观个体行为的影响，他使用微观数据进行检验，结果显示社会保障缴费会减少储蓄，但未来社会保障财富对储蓄没有影响。戴蒙德和豪斯曼（Diamond and Hausman，1984）使用微观调查数据验证了养老金对私人财富的挤出作用，然而该挤出效应不是一比一的。哈伯德（Hubbard，1987）关注了生命周期框架下的个体寿命风险和预防性储蓄，认为养老保险有助于降低不确定性进而减少储蓄率。哈伯德和贾德（Hubbard and Judd，1987）考虑了资本市场不完善的现实情况，认为当借贷约束不存在时，社会保障会增加国民消费，但是当借贷约束存在时，社会保障可能无法增加个体福利。基于其理论分析，哈伯德（Hubbard，1986）使用微观数据实证检验的结果显示，社会保障财富和个人养老金财富都会挤出非养老金财富。伯恩海姆和莱文（Bernheim and Levin，1989）认为，无论是使用时间序列数据还是微观调查数据，对未来社会保障财富的估算很不一致，实证结果都会随着数据和模型的不同而产生较大差异，他们所选取的数据包含受访者对未来社会保障收益预期的直接测量，结果显示单独个体的社会保障财富会显著挤出储蓄，而拥有配偶的家庭结果不显著。盖尔（Gale，1998）使用微观数据详细探讨了养老金财富的增加可以在多大程度上替代其他类型的家庭财富，并纠正了计量分析中可能存在的系统性偏差，结果显示养老金财富有显著的替代效应。萨姆威克（Samwick，1998）详细探讨了养老金财富对退休决策的影响，认为可以通过调整养老金来鼓励延迟退休。

不同国家养老保险制度的改革以及数据分析方法的更新，使相关实证研究更加丰富。阿塔纳西奥和布鲁贾维尼（Attanasio and Brugiavini，2003）以及阿塔纳西奥和罗韦德尔（Attanasio and Rohwedder，2003）分别利用意大利和英国的养老保险制度改革作为自然实验背景，使用双重差分法为养老金财富与个人财富之间的替代关系提供了新的实证证据。结果显示，养老金财富会挤出私人储蓄。博塔齐等（Bottazzi et al.，2006）利用意大利的养老保险改革研究了预期退休收益对私人财富积累的影响，认为养老金财富和私人财富之间存在替代关系。史蒂芬斯和宇山（Stephens and Unayama，2011）以日本公共养老金的发放规律为背景，检验了生命周期假说，认为可预期的养老金收入对消费影响显著。阿吉拉（Aguila，2011）以墨西哥养老保险制度改革为背景，讨论了个人退休金账户的设立在宏观层面会促进私人储蓄，但从微观层面看会改变劳动年龄阶段的消费模式，会挤占一部分储蓄。阿莱西等（Alessie et al.，2013）利用欧洲微观家庭数据和工具变量法得到的实证结果显示，养老金财富会挤出家庭储蓄。奥村和臼井（Okumura and Usui，2014）认为日本养老保险政策的改革会通过改变参保者对该制度的预期进而改变储蓄，参保者对该制度的信任程度下降会增加储蓄。古斯塔曼和施泰因迈尔（Gustman and Steinmeier，2015）使用结构模型研究了改变法定退休年龄等政策规定对储蓄及退休行为的影响，结果显示这些调整会根据经济个体对社会保障的看法不同而产生不同的影响。多利斯等（Dolls et al.，2018）利用德国养老保险宣传政策，实证检验发现获取养老金待遇的详细信息有助于提高参保者的养老储蓄。拉霍夫斯卡和米克（Lachowska and Myck，2018）用波兰的养老金制度改革作为背景，使用双重差分法得到的实证结果显示，养老金财富显著挤出了家庭储蓄。古德曼（Goodman，2020）使用税收数据和断点回归方法检验，得到的结论是增加养老保险缴费有助于提高参保者的养老储蓄。

（二）养老保险与消费关系的国内研究

国内对养老保险与消费关系的研究主要是随着国外消费理论的演进以及中国养老保险制度的改革而不断发展的。在计划经济时期，养老保险的持有者主要是机关事业单位或国有企业员工，持有者通常不需要自行缴纳保费，退休后单位负责发放养老金。直到20世纪90年代开始改革，明确了基本养老保险基金费用要由国家、企业、个人三方共同负担。除了养老保险制度，土地制度、医疗制度、住房制度和国有企业制度等方面也在这一时期经历相应变革。

在经济体制转型阶段，有许多学者讨论了整体社会保障制度的变革方向及其对消费储蓄的影响。马国贤（1994）强调了在经济体制转型的背景下加快建立社会保障制度的必要性和迫切性，认为征收社会保险税的方式不适合中国，他提出社会保障制度的选择原则，认为中国更适合以家庭为基础的国家、企业和家庭共同负担的社会保障制度。王卓祺（1995）介绍了新加坡社会保障制度的特点，并总结了该模式带来的启示。杨思群（1998）分析了不同类型社会保障制度对储蓄和资本形成的影响，并提出了建立中国社会保障制度时需要重点考虑的几个问题，他认为可以根据社会保障的具体内容确定不同模式，从养老、医疗和失业保障等方面提出了模式选择建议。汤晓莉（2000）使用世代交叠模型，比较了不同社会保障机制对居民福利的影响，认为应该根据经济增长速度和人口年龄结构等选取合适的模式。刘钧（2000）认为，社会保障制度改革的不完善阻碍了国内消费需求的进一步扩大，而完善的社会保障制度可以提高居民消费倾向，缓解经济波动带来的影响。樊彩耀（2000）从国际比较的角度讨论了社会保障对消费的作用，认为社会保障对消费的影响在不同文化和制度背景下有不同的表现，在中国的经济环境下，社会保障支出与城镇居民消费有明显的共同趋势，但经济转轨时期社会保障功能出现弱化从而影响了居民的预期，使消费下降，因此应该加快完善社会保障体系。王东进（2000）认为，社会保障的不完善使居民消费时存在很多顾虑，通过相关制度改革的推进来消除居民在养老、失业和医疗等方面的后顾之忧，有助于促进居民消费。

在制度转轨初期，有很多学者讨论了中国养老保险制度的改革方向，主要集中在对现收现付制和基金制的选择上，基于不同的理论分析、数理模型推导以及模拟计算，各个学者的结论并不完全一致。北京大学中国经济研究中心宏观组（2000）认为基金制可以达到更高的消费水平和消费增长速度，并减少税率扭曲。王燕等（2001）详细模拟计算了转轨成本，认为现收现付制是不可持续的。郑伟和孙祁祥（2003）分析了转轨带来的多方面经济效应，认为向部分积累制转轨能够带来正面效果。袁志刚和葛劲峰（2003）认为，从长期的角度看中国需要完成养老保险制度向基金制转轨，但需要慎重考虑转轨成本和时机问题。封进（2004）计算了混合模式下现收现付制和基金制的福利最大化比率，认为现收现付制仍然适合中国的现状。何樟勇和袁志刚（2004）认为，现收现付制适合中国的国情，随着经济的发展也可以逐渐过渡至基金制。黄莹（2009）认为，中国的储蓄率高于最优水平，还不适合向基金制养老保险制度转轨。

随着城镇企业职工基本养老保险制度的逐渐完善，有学者分析了该制度的运行状况是否具有可持续性（柳清瑞和穆怀中，2009b；张静，2009）。农村地区的养老保险制度发展要落后于城镇地区，有学者讨论了农村地区存在的问题以及改革建议（尚长风，2007；杨一帆，2009）。新型农村社会养老保险（简称"新农保"）政策的实施改变了农村地区养老保险缺失的现状，提高了居民参保率，学者们研究了新农保的参与状况（吴玉锋，2011；顾文静，2012）、运行状况（尚进云和薛兴利，2012）以及财政补贴效果等方面（宫晓霞，2011；王晓洁，2012）。新农保和城镇居民社会养老保险（简称"城居保"）合并实施为城乡居民基本养老保险。目前，城镇职工以及其他城乡居民能够得到养老保险制度的全覆盖，有学者讨论了养老保险统筹层次提高的问题（邹丽丽和罗元文，2019；周心怡和蒋云赟，2021）、公私部门养老保险制度并轨（张彦和李春根，2016；于新亮等，2021）等问题。可以看出，中国的养老保险制度处于不断发展与完善的进程中，为相关研究提供了丰富的议题。

在关于养老保险对消费储蓄的影响上，养老保险制度改革通常被视作社会保障制度变迁的一个组成部分，经济环境的改变使居民未来不确定性增加，从而使消费倾向降低（龙志和，1994；张平，1997；刘建国，1999）。随着养老保险制度改革进程的不断推进，单独探讨养老保险制度与消费关系的研究增加，由于可获取数据有限，早期的大部分研究主要为数理模型推导和定性理论分析。城镇职工基本养老保险制度的改革确定了社会统筹与个人账户相结合的筹资方式，岳远斌和韩海容（1997）从养老保险基金筹集、储存和支付的角度，定性讨论了养老保险对总量储蓄和投资的影响。袁志刚和宋铮（2000）使用世代交叠模型描绘中国养老保险制度特征，结合人口老龄化的现象对中国高储蓄现象进行解释，认为城乡居民在改革后的职工基本养老保险制度下会降低消费。蒲晓红（2003）分析了城乡居民储蓄存款没有随着养老保险制度改革大幅下降的原因，认为这一方面是由于养老保险制度本身还不够完善，另一方面是由于经济增长速度较快，这些储蓄存款中有很大一部分属于企业，因此需要继续健全社会保障制度来刺激消费。柳清瑞（2005）研究了部分积累制养老保险制度下的养老金替代率水平对消费决策的影响，建议根据物价水平或工资变动情况来使养老金替代率保持在适度水平，进而保证居民的合理消费。彭浩然和申曙光（2007）将现收现付制的养老保险、储蓄率和经济增长等因素综合纳入三期世代交叠模型中进行理论构建，理论模型结果显示，现收现付制的养老保险制度会降低储蓄率，实证分析结果也显示，养老保险缴费率与居民储蓄率负相关。柳清瑞和穆怀中（2009a）重点关注了养老保险制度中的养老金替代率指标，建立了养老金替代率与私人储蓄的理论模型，数理推导的结果显示，养老金替代率与私人储蓄在经济均衡时负相关。蒋云赟（2010）使用代际核算法估计了居民的代际账户值、剩余生命周期总资源和国民储蓄率等，结果显示，现收现付制模式下的国民储蓄要低于完全积累制下的国民储蓄，因此认为目前的养老保险制度可以促进消费。石阳和王满仓（2010）精算了城镇职工基本养老保险内社会统筹部分的养老金财富，发现这部分财富能够促进消费。

随着城镇职工基本养老保险制度改革的推进，可获取的时间序列和面板数据增加，养老保险与消费关系的实证检验也更丰富。杨河清和陈汪茫（2010）使用面板数据的实证研究结果表明，养老保险投入的增加有利于拉动消费需求，形成乘数效应。杨继军和张二震（2013）的理论和实证分析结果显示，老年人作为非生产性人口对储蓄具有抑制作用，养老保险覆盖面扩大和养老保险缴费水平的提高均促进居民储蓄。张虹和王波（2014）利用标准消费人的方法估计了老年人口的消费，检验了老年人口消费与养老保险基金支出之间的协整关系，发现两者有正相关关系。赵昕东等（2017）使用省级面板数据的实证结果显示，养老保险缴费率的提高会抑制消费。蒋彧和全梦贞（2018）使用省级面板数据检验了人口年龄结构、养老保险和消费的关系，结果显示养老保险缴费率和覆盖率的增加都有助于促进消费，而劳动年龄人口比例的增长会强化这一促进作用。

早期的实证研究主要依赖于统计局公布的年鉴数据，高质量微观数据库的公布，为养老保险与消费关系的实证检验提供了新的机会。王亚柯（2008）使用城镇居民微观调查数据实证检验了养老金精算财富对家庭财产储蓄的影响，结果显示基础养老金财富会挤出储蓄，而个人账户财富会促进储蓄，作者认为这是由于个人账户的空账状态影响了参保者消费预期。何立新等（2008）使用 CHIP 数据着重考察了养老保险改革对城镇居民消费的影响，认为养老金财富可以促进消费，而养老保险制度改革导致企业职工养老金财富减少，因而降低了消费。沈坤荣和谢勇（2012）定义了确定性与不确定性收入，使用 CGSS 数据实证检验了不确定性对城镇居民储蓄率的影响，结果显示不确定性收入与储蓄率之间是正相关的关系，而养老保险和医疗保险的参与有利于降低储蓄率。白重恩等（2012b）利用城镇住户微观调查数据，从理论和实证方面分析了养老保险缴费对居民消费的影响，结果显示养老保险制度的覆盖有利于促进消费，而养老保险缴费会抑制消费。邹红等（2013）利用城镇住户微观调查数据进行实证检验，发现参加社会养老保险或医疗保险的家庭消费更高，但养老保险缴费会降低消费。朱波和杭斌（2014）使用 CGSS 数据进行实证检验，发现参加养老保险的城镇家庭消费更高。康书隆等（2017）使用 CFPS（中国家庭追踪调查）数据得到的实证结果显示，参加城镇职工基本养老保险的家庭消费水平更高，这一消费促进效果在高收入家庭更明显，家庭养老保险缴费率偏离适宜水平则使得家庭消费减少。

也有一部分学者认为，养老保险制度尚不完善，居民消费受到的影响有限。例如，顾海兵和张实桐（2010）从逻辑上分析了社会保障对消费的中性影响。李雪增和朱崇实（2011）的实证结果表明，家庭储蓄率受惯性影响更大，养老保险的作用有限。李珍和赵青（2015）使用全国时间序列数据和省级面板数据的实证分析结果显示，城镇职工基本养老保险对居民消费的影响并不明显。

相对于城镇的社会保障制度改革，农村方面的改革要更滞后。梁鸿（2000）利用农村家庭的抽样调查数据分析了储蓄的生命周期现象。结果显示，农村家庭的储蓄目的存在阶段性，大致按照子女教育、子女婚嫁和养老的顺序演变，由于开始进行养老储蓄的年龄较大，农村居民无法得到养老保障，因此应该推进农村养老保险的发展。杨天宇和王小婷（2007）使用中国数据验证社会保障对储蓄的替代效应和退休效应，结果显示社会保障支出与消费的协整系数是负的，而退休效应存在。他们认为这是由于社会保障体系处于变革中，并且其保障对象更集中于收入阶层较高的人群，这导致未受到保障的人群预防性储蓄增加，因此应该将低收入阶层及农民群体纳入社会保障制度覆盖范围内。吴庆田和陈孝光（2009）使用1982—2006年的数据实证检验了农村社会保障支出与居民消费之间的长期和短期关系。结果显示，农村社会保障支出没有起到促进消费的作用。他们认为这是因为农村社会保障制度不完善，农村居民的医疗、养老等方面无法得到有效保障。但是，姜百臣和马少华（2010）实证检验了农村社会保障支出与消费之间的长短期关系，结果显示社会保障对农村居民消费有促进作用。

随着农村养老保险制度改革的推进，有关新农保与农村居民消费的研究增多，有的学者基于自己收集的调查数据进行研究，也有学者使用大型微观调查数据库进行研究。张攀峰和陈池波（2012）使用农户问卷调查数据进行实证检验，得到的结论是参加新农保的农户消费水平更高。

岳爱（2013）使用农户随机调查数据检验了新型农村社会养老保险政策对家庭消费的影响，结果显示新农保能显著促进参保农户的消费。沈毅和穆怀中（2013）使用省级截面数据实证检验了新农保基金支出与农村居民消费的关系，结果显示新农保有利于促进农村居民消费。马光荣和周广肃（2014）使用 CFPS 数据检验了新农保对家庭储蓄率的影响，发现 60 岁以上参保者的消费得到促进。李慧和孙东升（2014）设计了问卷调查并收集了相关数据，使用 SEM 方法检验新农保对农户消费意愿的影响，结果显示新农保对消费支出影响较小，但有助于减轻农户心理负担进而在未来促进其消费。范辰辰和李文（2015）以山东省各个县市的面板数据进行实证分析，结果显示新农保能够促进农村居民消费，但这一促进效果会逐渐减退。张川川等（2015）利用 CHARLS 数据综合评估了新农保政策的实施效果，实证结果表明居民消费得到一定程度的促进。贺立龙和姜召花（2015）使用 CHARLS 数据得到的结果也显示，新农保的参保农户消费更高。温海红等（2012）利用陕西省抽样调查数据进行实证分析，结果显示居民消费能够受到新农保制度的正向影响。李树良（2016）使用 CGSS 数据实证分析的结果显示新农保和新农合能够促进农村居民的耐用品消费，而消费观念是农村社会保障制度对消费产生影响的中介。黄睿（2016）使用 CHARLS 数据区分了包含 60 岁以上和 60 岁以下成员的家庭，实证结果显示新农保的缴费会挤占消费，而养老金收入没有促进消费。朱诗娥等（2019）使用农业农村部固定观察数据进行实证分析，显示新农保对农户消费有促进作用。黄和张（Huang and Zhang，2021）实证检验了新农保政策对农村家庭的多方面影响，结果显示新农保显著增加了家庭食品支出，总支出受影响不明显。

除了分析养老保险对城镇居民或农村居民消费的影响，中国的流动人口或者说农民工群体的数量也非常庞大，探讨养老保险对这一部分人群消费的影响也有重要意义。吕旺实（2006）以农民工群体为重点，讨论了社会保障制度的完善方向，建议结合农民工的流动性特点来完善相应政策细节。王兰芳和黄亚兰（2010）建议为农民工设置单独的养老保险制度。杨翠迎和汪润泉（2016）使用流动人口动态监测调查数据实证检验了城镇职工基本养老保险对流动人口消费的影响，结果显示农村户籍群体的消费得到促进，而高收入群体的消费受到抑制。汪润泉和赵彤（2018）使用流动人口动态监测调查数据进行实证检验的结果显示，参加城镇职工基本养老保险的单位就业农民工消费水平更高，而个体就业农民工的消费水平不受参保行为影响，作者建议改善农民工养老金领取条件。

由于城乡社会保障制度改革的不同步以及多种类型养老保险制度的共存，有学者关注了这些养老保险制度的差异对消费的影响。胡宏兵和高娜娜（2017）使用CHARLS数据分析了城乡二元养老保险制度对居民消费的影响，结果显示城镇职工基本养老保险对消费的促进作用大于新农保。宁光杰和范义航（2020）使用CHIP数据实证检验了事业单位养老保险制度并轨制改革对消费和收入的影响，结果显示改革带来的冲击降低了消费。周广肃等（2020）使用CFPS数据得到的实证结果显示新农保的实施有助于缓解消费不平衡等。臧旭恒和李晓飞（2021）使用CHFS数据研究了多轨制的养老保险制度对消费差距的影响，并检验了影响机制，结果显示多轨制是造成消费差距的原因之一。

通过对发达国家的相关研究进行梳理，可以看出，无论是理论还是实证层面，关于养老保险与消费之间的关系都有诸多争论，这也表明两者之间的关系较为复杂，文化背景或制度背景的不同也造成了消费者行为的差异。中国的养老保险制度实施较晚，当前存在多种形式的社会养老保险，其参保人群、缴费规定和养老金水平等方面均存在较大差异，不同养老保险的实施时间与改革历程也不同，这给居民的消费行为也会带来不同的影响。大部分国内文献能够得出养老保险有助于促进消费的结论，也有部分文献认为养老保险的缴费以及多轨制不利于扩大居民消费。已有国内文献主要关注单个类别的养老保险对其目标人群消费行为的影响，或者只关注养老保险的某一个参数带来的影响，在消费方面主要关注消费支出水平或结构，较少关注消费心理。关于养老保险对消费影响机制的实证检验也相对较少，异质性讨论主要集中在收入分组或地区分组方面。

因此，本书对养老保险和家庭消费的关系进行了一个相对综合的统一讨论，根据不同类别养老保险的制度特点，详细分析参保行为、参保阶段转换以及省级汇总参保情况对家庭消费的影响，这有利于同时从微观和宏观层面观测两者关系，提供多重证据。除了关注客观消费支出和结构，本书还探讨了养老保险对主观消费心理的影响，力求能够从多个维度检验养老保险和消费的关系。本书从理论上分析了养老保险可能对消费产生影响的渠道，并根据数据可获取程度和养老保险制度特点进行了实证检验。在异质性分析方面，本书主要关注的是空巢和非空巢家庭受到养老保险影响的差异，这有助于在老龄化的背景下观测中老年家庭的消费特点。

三、理论基础

（一）养老保险对消费的多维度影响

基于文献回顾可以看出，养老保险从理论上有促进居民消费的可能性，部分实证研究也证实了这一点。通过不断改革和优化养老保险制度，中国居民基本实现了养老保险制度的全覆盖，参保率大幅度提升，这也为检验养老保险对中国居民消费的影响提供了机会。本部分结合中国当前的养老保险制度特点，提出以下分析框架，为后续实证分析提供理论支撑。具体地，本书从以下几个维度来分析养老保险对中国家庭消费的影响。

第一，养老保险对中国家庭消费的影响方向。从前面的储蓄动机分析来看，居民既存在为了特定消费目的而进行的储蓄，也有为了应对不确定性而进行的储蓄，为养老做准备是居民储蓄动机的重要组成部分，这说明居民具有一定的养老意识。然而，由于居民存在多种储蓄目标和某些特定大额消费支出（如购买住房），养老储蓄规模容易受到挤占，造成养老储蓄不足。养老保险参保者通过缴纳一定金额及时长的费用，可以在老年阶段按月获得可预期的养老金。养老金收入本身有助于增加老年阶段的收入来源，缓解养老储蓄不足的问题，因此可能会增加老年阶段消费。同时，稳定可预期的养老金收入也有助于降低老年阶段的收入不确定性，增加个体风险抵御能力。当劳动年龄个体感知到未来的不确定性降低时，其相应的养老储蓄或预防性储蓄规模可能会降低，从而释放部分消费。预期寿命的延长意味着老年阶段占生命长度的比例提高，养老保险在稳定居民预期和提供收入保障等方面可发挥作用的空间也更大，从而有助于促进家庭消费。相对地，未参加养老保险的个体可能需要更多的储蓄来支付老年阶段的日常消费和应对各类风险和不确定性，这需要个体拥有更加理性的预期，否则容易出现养老储蓄不足或过度的情况，造成个体福利损失。

中国传统的养老方式以家庭养老为主，但多方面的原因使这种养老方式所发挥的保障作用逐渐减小。生育率的下降使家庭出现"少子化"现象，平均每个子女需要承担的赡养责任加大，而家庭规模缩小使子女能够对父母长辈提供的养老资源总规模减少。中国家长"望子成龙"的心态使家庭更注重子女的教育，家庭对子女的关注程度提高，挤占了老年人可获得的关注与照料。越来越多的子女成年或组建家庭后，选择不再与父母同住，为了获得更好的就业机会，子女与父母不在同一城市的比例也越来越高。对于农村居民来说，城镇化进程的推进使更多的农村劳动年龄人口进入城市寻找非农业工作，这也使得许多农村老年居民无法获得子女的赡养和照料。因此，老年人口能够从家庭养老方式中获取的经济帮助、精神慰藉或日常生活照料等资源受到限制，家庭养老方式对老年人口所发挥的保障作用减小，且不稳定程度加大，老年人口无法准确预期子女可提供的养老资源，养老保险这一社会养老方式可以弥补家庭养老保障功能弱化的问题，保障居民"老有所养"，进而释放家庭消费。

第二，养老保险对中国家庭消费的影响时效。以参保者参加保险前后的消费变化为研究对象时，还需要关注养老保险是否能够持续保证参保者消费水平高于未参保时的消费水平。对于从事受雇工作的个体，《中华人民共和国社会保险法》规定其应当参加城镇职工基本养老保险或按照公务员法参加机关事业单位养老保险，这类群体在工作之初就可以预期到自己会参加相对应的养老保险，因此个体自身参保前后的消费对比可能不明显，但是与未参保个体相比，其消费水平通常更高。对城乡居民基本养老保险的覆盖群体来说，相应养老保险制度的实施相当于一个新的政策冲击，参保条件与当前是否工作或何种工作类型无直接关系，个体具有选择是否参保的自主性。个体参保状态"从无到有"的变化会带来多方面的影响，个体可预期到的老年阶段收入增加，收入稳定程度增加，居民消费也可能会增加。那么，需要检验养老保险对消费的影响主要发生在参保初期还是需要一定的参保时长才能够发挥作用，这种影响随着参保时长增加会发生怎样的变化，是保持稳定还是逐渐减弱或增强。

城乡居民基本养老保险是由新农保和城居保合并而来，后两项养老保险在实施时会直接向已年满60岁的符合条件的居民发放养老金，而不需要其缴费，其他未满60岁的参保者仍需要缴纳一定的费用。对于直接领取养老金的参保者来说，其收入水平在短时间内有了一定程度的提高，并且参保者可以对养老金收入有较为稳定的预期。在参保初期，一方面参保者可能会存在短视行为，养老金对现期收入造成了正向冲击，因此参保者的消费水平可能随之提高；另一方面由于未参加缴费，参保者的养老金仅由政府确定的基础养老金组成，其金额相对较少，参保者的消费水平也可能变化较小。随着参保时长的增加，一方面参保者的预期逐渐稳定，由短期收入增长造成的消费波动可能逐渐被修正；另一方面，稳定的养老金收入和预期也意味着不确定性减少，养老保险对消费的刺激作用也可能逐渐显现。同时，养老金收入也有可能会对其他收入来源产生替代作用，城乡居民基本养老保险的参保者通常是农业从业者或无雇主的其他自由职业者，养老金收入可能会使老年参保者减少劳动供给，从而使劳动收入下降，对消费产生抑制作用。对城乡居民基本养老保险的缴费者来说，其无法在缴费阶段获取养老金收入，但会对未来形成预期，这可能会替代部分养老储蓄，释放参保阶段的消费。随着缴费时长的增加，预期变得稳定，缴费者对养老保险的了解程度和信赖程度也逐渐加深，这可能有助于释放消费；同时由于养老金收入的稳定性，缴费者也可能计划缩短劳动供给时间以换取老年阶段更多的休闲时间，这可能对消费产生抑制作用。综上，养老保险（主要指新实施的养老保险种类）对参保者消费的影响可能会随着参保时间的增加发生变化，该变化规律需要在实证分析中进行检验。

第三，养老保险对中国家庭消费的影响时点。当家庭发生新参保行为时，养老保险会对家庭消费产生影响，这在养老保险对家庭消费的影响时效分析中已经进行了相关描述。还需要注意的是，对于已经参加养老保险的微观个体来说，养老保险的参保阶段可以划分为缴费阶段（或工作阶段）和领取阶段。缴费阶段指的是参保者达到领取条件之前的阶段，参保者通常处于劳动年龄并缴纳一定的养老保险费。对于机关事业单位养老保险的参保者来说，在2015年改革之前一般不需要个人缴纳费用。领取阶段指的是参保者达到领取条件或退休条件后按月获得养老金的阶段。机关事业单位养老保险或城镇职工基本养老保险的参保者一般需要办理退休手续离开当前工作岗位后开始领取养老金，城乡居民基本养老保险的参保者仅需满足缴费时长与年龄条件即可领取养老金。参保阶段转化至领取阶段时，需要检验参保者是否能够保持同样的消费水平，能否实现生命周期内的消费平滑，是否会呈现不同的消费特点。

办理退休手续后的参保者通常会失去与工作岗位相关联的劳动收入，而养老金收入一般会低于退休前的劳动收入水平。如果参保者将收入的变化视为负向冲击，参保者可能会因为现期收入的减少而使消费水平下降。如果参保者在退休之前已经将养老金收入水平纳入预期，并据此同时安排退休前及退休后的消费，其消费水平可能会保持平滑。对于城乡居民基本养老保险的参保者来说，开始领取养老金后通常可以继续当前的工作，如果参保者将养老金收入视为劳动收入之外的收入增加，其消费水平可能会保持平滑或增加。如果参保者在领取养老金后自主选择减少劳动供给，这相当于养老金收入替代劳动收入，而随着年龄的增长，获得劳动收入的难度也增大，参保者可能会通过减少消费来应对劳动供给的减少。因此，参保阶段的转换可能会对参保者的消费产生冲击，而不同类别的养老保险带来的影响可能存在差异。

第四，养老保险对中国家庭消费的影响层次。对于个体来说，通过对比其参保前后的消费水平或对比参保与非参保个体的消费水平，可以分析养老保险在微观层面上对消费的影响，上述影响时效和影响时点的分析主要针对微观层面。对于一个区域或者省份来说，还需要关注宏观层面上反映养老保险参与状况的指标，这类指标主要反映了区域内的平均状况。与绝对消费水平相比，消费率更适合反映居民中长期的消费状况。如果养老保险能够促进微观参保个体或参保家庭的消费，则参保率的提升和养老金水平的提高可能有助于增加平均消费率。

还需注意的是，省份层面的指标是各类群体的平均状态，需要关注各类群体所占比例以及消费差异。比如，不同年龄阶段人口的消费差异，缴费者与领取者的消费差异。同时，以区域或省份为分析单位时，还需要考虑不同区域之间存在的差异，这些非养老保险类指标的差异也可能造成不同区域消费率区别较大。比如，不同区域的收入增长速度，居民对养老保险的依赖程度以及信任程度，人口结构以及城镇化水平等。

第五，养老保险对中国家庭消费的影响对象。大部分研究选取的消费指标为客观消费指标，如消费水平、消费结构和消费率等。除了客观消费支出，主观消费感受也值得关注，但该类指标相对难度量，本书根据相关微观调查的问卷问题提取了消费压力和消费态度作为主观消费感受指标。消费压力是评估某一类消费细项对家庭造成多大程度的压力，消费态度是评估个体对即期消费的偏好程度。

如果养老保险能够使参保者的消费水平高于非参保者，则其感受到的消费压力和消费态度可能也有区别。从消费态度来说，养老保险能够提供可预期的养老金收入，有利于稳定预期并减少不确定性，参保者可能会增加对即期消费的偏好程度。养老保险对消费压力的影响方向不确定，如果养老保险对消费有释放作用，一方面消费支出的上升可能意味着消费需求得到满足，消费压力可能会随着消费支出的增加而降低；另一方面，消费支出的上升也可能意味着消费结构的升级或消费需求的增加，消费压力可能会变大或转移到新增加的消费需求类别上。主观消费态度也可能会影响客观消费支出，消费态度越开放，对即期消费的偏好程度越大，客观消费支出水平可能越高，而消费压力较大时，消费支出可能也受到一定程度的限制。

（二）养老保险对消费的影响机制

上一部分的分析表明，养老保险会对中国居民消费产生多维度的影响，本部分在此基础上总结了养老保险对消费的几个主要作用机制，并在后续的实证分析中进行检验。这些机制相互联系共同作用于家庭消费，下文先单独介绍每个影响机制，然后综合论述不同机制之间的关联性。

第一，收入。无论是现期收入还是终身收入或持久收入，对消费都有非常重要的作用，而养老保险能够通过收取养老保险费和养老金发放的过程对参保者的现期收入和未来收入产生作用。参保者在缴费阶段需要以个人身份缴纳一定的养老保险费，机关事业单位或企业职工通常由用人单位或雇主代为扣除各类社会保险费，没有雇主的城镇职工基本养老保险参保者或城乡居民基本养老保险参保者需要自己向相关机构缴纳费用。如果参保者将缴费视为未来资产，则其消费水平可能保持不变或增加；如果将缴费视为现期收入的减少，则其消费水平可能下降。通过办理退休手续由缴费阶段或工作阶段转为领取阶段时，参保者的工资收入转为养老金收入，通常后者低于前者。如果参保者将这两类收入的对比视为现期收入的下降，则其消费水平可能降低；如果参保者将养老金收入纳入终身收入预期并据此安排消费行为，则其退休前后的消费水平可能保持平滑。城乡居民基本养老保险参保者达到领取条件后即可按月领取养老金，制度实施时已年满60岁的居民，不需要缴费即可直接领取养老金。如果劳动收入等其他收入来源不变，养老金收入使参保者现期收入增加，可能有助于释放居民消费；如果参保者在得到养老金收入后主动选择减少劳动供给，则总收入水平可能不变或有所下降，消费水平可能随之下降。

第二，劳动供给。根据费尔德斯坦的理论，养老保险可能会对参保者产生"引致退休效应"，这主要是针对可以自主选择退休年龄的群体来说。中国的养老保险制度有所不同，机关事业单位养老保险和城镇职工基本养老保险属于强制退休政策，参保者达到退休年龄后通常需要办理退休手续，仅针对特殊情况办理提前退休或延迟退休，参保者无法自主选择退休时间。退休意味着离开工作岗位，个体如果仍想赚取劳动收入，通常需要重新进入劳动市场求职，但可供选择的工作类型和收入水平都相对有限。城乡居民基本养老保险的领取条件不要求参保者脱离当前工作，参保者虽然无法选择领取年龄，但可以自主安排劳动供给。退休个体如果想要弥补养老金收入与退休前工资收入的差距，可能会重新求职增加劳动供给；而城乡居民基本养老保险的参保者如果选择用养老金收入替代劳动收入以获得更多休闲时间，则可能计划减少劳动供给时间或降低劳动强度。本书根据已有数据选取主观工作意愿和客观工作状态来代表劳动供给，主观工作意愿指的是个体是否计划一直工作，客观工作状态指的是个体是否正在工作，包括农业工作和非农业工作。

第三，老年生活来源预期，也即养老预期。根据生命周期理论，理性个体会根据一生可获取的所有收入来安排消费和储蓄行为，即便个体在实际生活中无法做到完全理性，也会在一定程度上根据对未来的预期来安排现期消费。个体在劳动年龄阶段能够通过工作赚取收入积累资产并缴纳养老保险费，在老年阶段消耗资产并领取养老金。此外，不同代际也通常存在经济交往，个体在劳动年龄阶段抚养子女及赡养父母，在老年阶段得到子女的赡养。因此，老年阶段存在多种类型的生活来源，包括个人资产积累、社会养老金收入以及子女赡养转移收入等。个人资产积累规模以及保障程度的个体差异性较大，由于多种储蓄动机同时存在，养老储蓄可能不足以支付整个老年阶段的消费，同时许多家庭的资产类型为房产，其变现能力受限，无法用于日常消费。随着人口结构的转变以及人口流动和人口迁移越来越普遍，家庭养老模式所发挥的作用弱化，来自子女的赡养收入可能较少且不够稳定，子女能够给予老人的照料时间也有限。与前两种生活来源相比，养老金按月领取，收入水平相对稳定可预期，对老年阶段的保障程度越来越高，重要性也越来越凸显。个体预期以养老金收入作为老年阶段主要生活来源时，面临的不确定性降低，可能有助于促进消费。

上述几个机制并不是单独起作用的，不同机制之间也存在相互影响的关系。对于拥有养老保险的家庭来说，无论是正处于缴费阶段还是领取养老金阶段，家庭都会调整对养老阶段生活来源的预期，从而调整消费行为。家庭在调整养老预期的同时也可能会调整劳动供给，对于城乡居民基本养老保险的参保者来说，领取养老金的条件与当前工作岗位的劳动供给无直接联系，参保者可以自主选择劳动供给时长和强度，这既包括对持续工作意愿的调整，也包括对当前工作状态的调整。对于需要办理退休手续的机关事业单位养老保险或城镇职工基本养老保险参保者来说，退休意味着结束当前工作岗位的劳动供给，参保者通常被动地发生工作状态调整。当家庭调整了劳动供给，与之相关的劳动收入会发生改变，家庭总收入随之改变。当家庭开始领取养老金时，养老金收入也会带来家庭总收入的改变。总之，在微观个体的整个参保周期内，养老保险能够通过这些机制对家庭消费产生综合性的作用。养老保险对家庭消费的影响维度和影响机制可以用图2-1来表示。

本书的主要研究目的是探究养老保险对中国居民家庭消费的影响，基于本部分的理论框架设计了后续的实证检验章节，涵盖了多个方面的问题。本书将反映养老保险状况的指标划分为微观指标与宏观指标，微

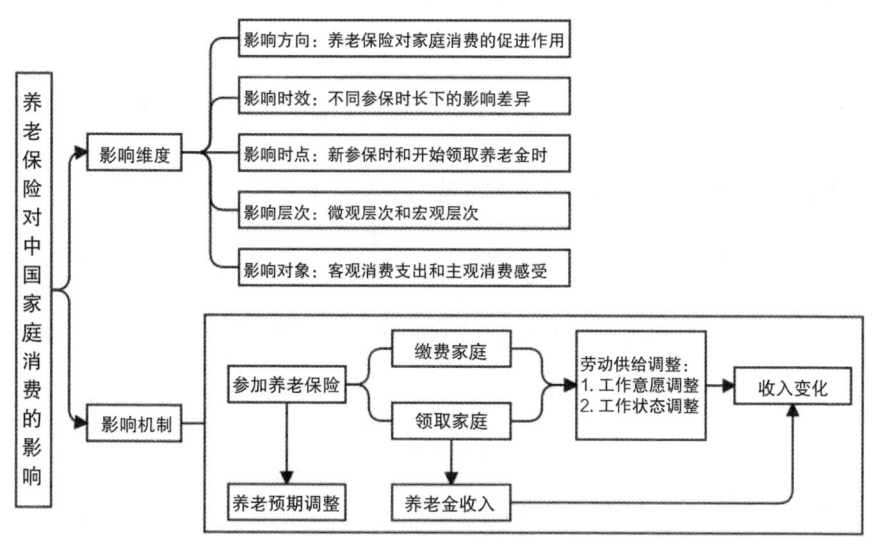

图 2-1 理论基础逻辑

观指标主要是针对单个家庭来说，比如是否新加入城乡居民基本养老保险，家庭正处于缴费阶段还是领取阶段以及是否拥有任意一种社会养老保险；宏观指标主要针对的是省份平均水平，比如参保率及缴费率等。消费指标被划分为客观消费指标和主观消费指标，客观消费指标包含消费率、消费水平和消费结构，主观消费指标主要是消费态度和消费压力。养老保险对消费的作用机制被划分为客观状态指标和主观态度指标，客观状态指的是收入水平和工作状态，主观态度指的是工作意愿和养老预期。后续章节的具体安排在本书第一章已经进行了详细描述，各个实证检验章节的安排逻辑是：先研究微观家庭参保对消费的影响，然后研究省级汇总层面养老保险参数与消费率的关系；先研究养老保险对客观消费支出的影响，再研究对主观消费感受的影响；在研究微观家庭参保行为时，遵循参保周期内不同阶段演变顺序，先研究新参加养老保险对消费的影响，然后研究从缴费阶段转换至领取阶段对消费的影响。四个实证章节密切相关，能够从多个角度反映出养老保险对家庭消费的影响，提供丰富的经验证据。

四、本章小结

本章首先通过回顾经典消费理论和中国消费函数研究来梳理消费行为的整体特点与逻辑，接着筛选从养老保险与消费关系角度出发进行探讨的文献，以得到当前的研究进展。可以看到，消费理论得到不断的扩展与深化，但相应的实证检验却会出现不一致的结果，无论这是由于理论的不完善还是因为实证计量方法与数据的缺陷，都表明了消费行为的复杂性与多样性，关于养老保险对消费影响的实证研究也存在许多争论。因此，从养老保险与消费关系的角度对中国家庭的消费行为进行研究，能够充分利用中国养老保险制度的多样性与改革的阶段性，以得到一个较为综合的分析和结论。基于文献回顾与总结，本章从理论上分析了养老保险对中国家庭消费存在的多维度影响，并总结了主要作用机制，为后续的实证分析提供理论基础。

第三章　中国养老保险与居民消费现状描述

在进行具体的实证分析之前，有必要对中国居民的消费现状以及养老保险制度实施情况进行事实性描述，以奠定后续分析的制度背景和相关事实基础。本章主要论述了以下几方面内容：一是对比了中国与世界其他国家的居民消费水平、消费增长率和消费率等指标，二是归纳了中国居民的主要储蓄动机，三是总结了中国养老保险制度的改革历程，四是描述了养老保险在中国的实施情况和居民参与情况。

一、居民消费现状及储蓄动机

以支出法计算国内生产总值（GDP）时，最终消费是其重要组成部分，而最终消费可以进一步拆分为居民消费和政府消费。图 3-1 为人均居民最终消费的相关统计数据，该数据以 2015 年不变价美元来衡量各个国家的消费支出。从绝对值来看，中国人均居民最终消费支出低于世界平均水平，更远低于高收入国家。根据世界银行的收入分组，中国属于中高等收入国家，而中高等收入国家人均居民最终消费的平均数值也高于中国。以 2022 年为例，人均居民最终消费支出的世界平均水平为6424.50美元，高收入国家为26080.54美元，中高等收入国家为4724.62美元，而中国为4465.33美元。

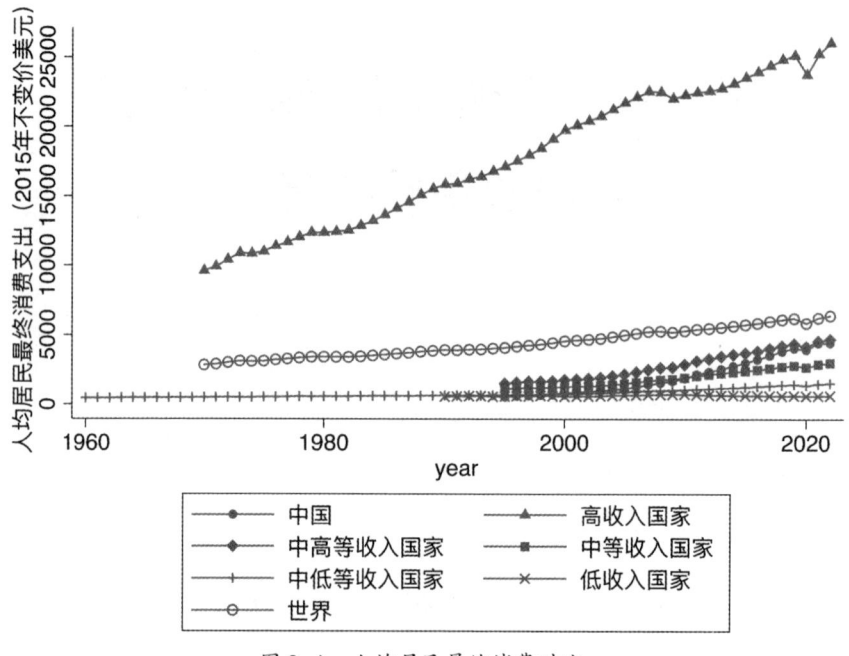

图 3-1　人均居民最终消费对比

注：纵坐标为人均居民最终消费支出，该数值是以2015年不变价美元来衡量的；横坐标为年份。

数据来源：世界银行公开数据库（https://data.worldbank.org）。

居民最终消费率指的是居民最终消费占国内生产总值的比例，图3-2为中国与不同收入分组国家的最终消费率。可以看出，与任何一个收入分组的平均居民最终消费率相比，中国的数值都要更低。以2022年为例，居民最终消费率的世界平均值为56.76%，中高等收入国家为48.47%，而中国仅为38.63%。从时间趋势来看，中国居民最终消费率在2011年之前整体呈现下降趋势，2000—2011年的下降尤为明显；尽管中国居民最终消费率自2011年开始有缓慢上升的趋势，但整体数值仍然偏低。

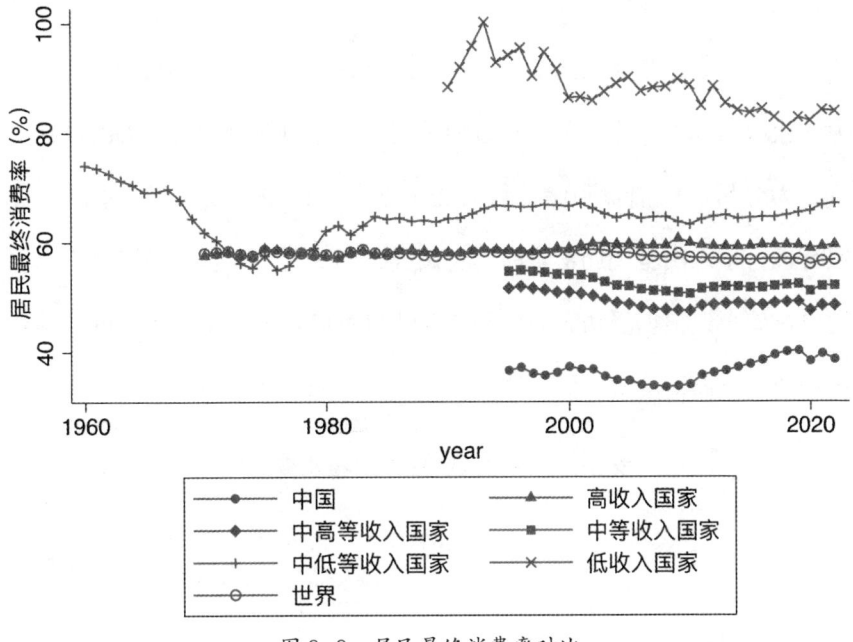

图 3-2 居民最终消费率对比

数据来源：世界银行公开数据库（https://data.worldbank.org）。

总的来看，与世界平均水平或各层次收入国家平均水平相比，无论是人均消费绝对值还是居民最终消费率，中国均处于相对偏低的位置，因此释放居民消费以提升居民福利水平仍然是十分重要的议题。

从储蓄角度来看，居民储蓄一方面可以视作收入扣除消费支出后的剩余，另一方面可以视作出于特定目的而进行的积累。从居民的储蓄动机来看，购房费用、子女教育费用或个人养老费用是几个常见的存款目的，这几类费用的特点是使用周期较长，涉及货币金额较大。个体参与养老保险后，能够在达到领取条件后获得可预期的稳定收入流，其老年阶段生活的收入来源可以得到一定程度的保障，从而可能使养老储蓄动机减弱，进而释放部分居民消费。

居民的储蓄动机相对主观且复杂，个体或家庭通常同时存在多类储蓄动机。在不同年龄阶段或家庭经济条件下，各类储蓄动机的强度会有所差异。从数据收集的角度看，仅通过观察个体或家庭的消费储蓄金额无法获取其储蓄动机，可以通过相关问卷调查直接询问受访者的储蓄动机，为分析居民消费和储蓄行为提供参考。1990—1992年，中国人民银行进行了六次全国储蓄意向问卷调查，调查样本既包含城镇储户也包含农村储户，根据受访者对问题"存钱打算做什么"的回答，可以得到居民的主要储蓄动机，历次调查结果的汇总如表3-1所示。

表3-1 储蓄意向抽样问卷调查结果

储蓄动机	第二次（%）	第三次（%）	第五次（%）	第六次（%）	均值
子女教育	22.8	21	19	17	19.95
高档消费品	13	13	—	11	12.33
养老	13.2	13	12	11	12.3
利息	11.1	15	13	10	12.28
住房	10.2	9	13	15	11.8
结婚	11.1	12	—	9	10.7
防意外事故	14.4	10	—	8	10.8
经营周转金	4.4	5	—	7	5.47
其他（无明确目的）	—	—	—	12	12

注：表中数字指的是将该储蓄动机作为主要存款动机的受访者比例，这些数字是根据数据来源中的文字描述转换所得，因此部分储蓄动机数

据在某些调查轮次中存在缺失，表中的均值是由所有可获取调查轮次的相应数值进行简单平均计算所得。

数据来源：根据陈仕强和时文朝（1990）、人民银行调查统计司经济分析一处（1991）、中国人民银行总行调查统计司（1992）和童金立（1992）文章中列示的数据汇总计算所得。

由于中国人民银行进行的这几次调查跨越时间区间较短，因此本部分将各轮次调查结果取均值进行分析，以忽略单个储蓄动机数据在不同轮次之间的波动。根据表 3-1 所示的均值结果，子女教育费用是调查年份内居民的首要储蓄动机，高档消费品购买、养老以及获取利息的储蓄动机处于次要位置，储备购买或建造住房费用、储备结婚费用以及预防意外的储蓄动机排序相对靠后，为经营储备周转金的储蓄动机占比最低。可以看出，上述几类储蓄动机既包含为特定目的而进行的主动储蓄，也包含为应对不确定而进行的预防性储蓄。综上，为养老进行储蓄在所有类别的储蓄动机中占有重要位置。但是，由于居民存在多样的储蓄动机，其他储蓄动机可能会对养老储蓄动机产生挤出效应，影响养老储蓄的规模大小，从而有可能影响居民在老年阶段的福利状况。

自 1993 年开始，中国人民银行会定期进行城镇储户问卷调查，表 3-2 汇总了中国人民银行网站内可检索到的部分调查数据。可以看出，教育费用仍然是居民首要的储蓄动机，养老储蓄也依然占有重要位置。对比表 3-1 与表 3-2 的数据可以看出，将获取利息作为首要储蓄动机的受访者占比下降，这可能是因为银行存款利率相对较低，居民开始转向其他投资方式。

表 3-2 城镇储户问卷调查结果

储蓄动机	2002.1（%）	2002.2（%）	2002.3（%）	2002.4（%）	2004.3（排序）	2004.4（%）	2005.2（%）	2006.1（排序）
教育	20.4	19.8	20.9	19.6	1	18.9	—	1
养老	13.1	13.6	13.3	13.7	2	14.1	—	2
意外	11.1	11.1	11.4	11.3	4	10.7	—	4
利息	5.3	4.9	4.9	5.1	—	—	—	—
住房	—	—	—	—	3	11.8	11	3
其他	10.1	11.1	10.7	10.8	—	—	—	—

注：百分比为将该储蓄动机作为主要存款动机的受访者比例，排序是依据该比例获取，由于不同问卷调查综述内可获取的数据信息有限，因此不同调查轮次内使用的数值类型不同。

数据来源：根据中国人民银行网站（http://www.pbc.gov.cn）相关城镇储户问卷调查综述整理所得。

综上，可以看出中国居民具有为养老阶段提前储蓄的意识，居民将养老储蓄作为重要的储蓄动机。然而，这部分养老储蓄的规模以及对老年阶段生活来源的保障程度难以判断。由于各类其他储蓄动机的存在，养老储蓄的实际规模可能受到挤压，其保障力度也受到限制。另外，随着经济水平的提高以及医疗技术的发展，居民的预期寿命不断延长，老年阶段在整个生命周期内所占比重也越来越大。1981 年中国居民的平均预期寿命为 67.77 岁[1]，2020 年的相应数值为 77.93 岁，提升幅度超过 10 岁。因此，在老年阶段维持一定水准的收入和消费水平变得越来

---

[1] 数据来源为国家统计局网站：https://data.stats.gov.cn。

越重要,这关系到老年人的生活质量和福利水平。

一般情况下,居民通过参加社会养老保险可以在老年阶段获取一定水平的稳定养老金收入,从而有助于缓解养老储蓄不足的问题。同时,养老保险也有助于降低居民在老年阶段的收入不确定性,从而有助于稳定居民预期,进而有可能释放居民消费,提升居民消费水平以及生活质量。

二、中国养老保险制度构成与改革历程

中国当前存在多种形式的社会养老保险,其参保人群、缴费规定和养老金水平等方面均存在较大差异,不同类型养老保险的实施时间与改革历程也不同。根据《中华人民共和国社会保险法》关于养老保险的规定,中国目前的基本养老保险主要有城镇企业职工基本养老保险(简称城镇职工基本养老保险)和城乡居民基本养老保险(由城镇居民社会养老保险和新型农村社会养老保险合并而成)。2015年,机关事业单位养老保险进行改革,实行社会统筹与个人账户相结合的基本养老保险制度。

从实施时间来看,机关事业单位养老保险和城镇企业职工基本养老保险开始实施的时间较早,主要针对从事受雇工作的人员;城乡居民基本养老保险开始实施的时间较晚,针对不属于前两类保险覆盖范围的其他居民,主要包括农业从业者、自由从业者或者其他无正式职业的群体。各类养老保险的主要改革历程如表3-3所示,表中列示了部分关键年份的改革内容。

表 3-3　养老保险制度改革关键节点

年份	文件名称	主要内容
1951	中华人民共和国劳动保险条例	企业职工保险待遇的规定
1955	1.国家机关工作人员退休处理暂行办法 2.国家机关工作人员退职处理暂行办法 3.国务院关于处理国家机关工作人员退职、退休时计算工作年限的暂行规定	为国家机关工作人员单独做出相关规定
1958	国务院关于工人、职员退休处理的暂行规定	统一规定企业职工和机关事业单位工作人员的退休条件
1969	关于国营企业财务工作中几项制度的改革意见（草案）	取消劳动保险基金的征集管理，改为企业营业外列支
1978	1.关于安置老弱病残干部的暂行办法 2.关于工人退休、退职的暂行办法	对工人和干部的退休办法分别做出规定
1991	国务院关于企业职工养老保险制度改革的决定	明确社会统筹的改革方向
1992	县级农村社会养老保险基本方案（试行）	在农村开展社会养老保险制度
1997	国务院关于建立统一的企业职工基本养老保险制度的决定	统一规定了基本养老保险的实施标准
1999	国务院批转整顿保险业工作小组保险业整顿与改革方案的通知	对农村社会养老保险"停止接受新业务"
2005	国务院关于完善企业职工基本养老保险制度的决定	调整个人账户相关指标
2009	国务院关于开展新型农村社会养老保险试点的指导意见	试点探索新农保制度
2011	国务院关于开展城镇居民社会养老保险试点的指导意见	试点探索城居保制度
2014	国务院关于建立统一的城乡居民基本养老保险制度的意见	将新农保和城居保合并为城乡居民基本养老保险

（续表）

年份	文件名称	主要内容
2015	国务院关于机关事业单位工作人员养老保险制度改革的决定	将机关事业单位职工的退休金改为社会养老保险金

资料来源：国务院网站（http://www.gov.cn）。

新中国成立后，经济逐渐恢复，国家为了保障劳动者的合法权益，制定了相关的社会保障政策。1951年，《中华人民共和国劳动保险条例》颁布，这是新中国第一个内容较为全面的社会保险法规，文件对企业职工的工伤、医疗、养老和生育等方面的保险待遇做出了比较详细的规定。其中，退休年龄的规定为男性60岁，女性50岁（其他特殊情况另有规定），养老补助费一般为本人工资的35%—60%。条例还规定了企业需按月缴纳劳动保险金，使劳动保险可以在一定程度上实现社会化管理。

由于国家机关工作人员与企业职工的工龄计算方法和待遇标准存在差异，该劳动保险条例并不适用于国家机关工作人员。为此，国家在1955年发布相关政策，规定了国家机关内男性退休年龄为60周岁，女性为55周岁，退休金由县级人民委员会负担。1958年，国家对上述两类工作人员的退休制度重新进行了统一说明。

随后，职工养老保险工作处于停滞状态，1969年颁布的改革意见取消了劳动保险基金的征集管理，改为企业的营业外列支，这使得养老保险失去全国统筹和社会调剂的作用，变成企业自身的责任。改革开放以后，经济得到发展，养老保险改革开始步入正轨，国家在1978年分别公布了干部和工人的退休退职办法以区别两种身份，但文件仍然规定企业人员退休费用由企业行政负责支付，而机关事业单位人员退休费用由县级民政部门负责。1991年,国务院下发改革决定,明确指出要实现基本养老保险基金的社会统筹,改变由国家和企业完全承担的现状,其费用由"国家、企业、个人三方共同负担",企业职工养老保险重新步入社会化管理。1997年统一规定了基本养老保险的实施标准以避免区域间差异过大,并提出"过渡性养老金"的概念及实施方法,用以解决养老保险制度改革进程中的相关规定前后不一致的问题。在总结东三省试点经验的基础上,国务院于2005年出台了相关完善政策,继续抓紧做实个人账户,个人账户规模由占工资的11%统一下调为8%,全部由职工个人负担,并统一规定了基本养老金的计发方法。

与此同时,国家也在积极探索农村养老保险的实施方式,1992年民政部颁布了在农村地区实施养老保险的基本方案,鼓励农村居民参与。但农村养老保险在实施过程中遇到诸多问题,1999年国家停止了该制度的实施,认为当时的社会养老保险在农村不适用,要"停止接受新业务"。随后,国家开始了新型农村社会养老保险的探索,在2009年开展了相关试点工作,并逐步扩大试点范围。新农保主要针对的是农业户籍的居民,仍然有大量非农业户籍的城镇居民既不在机关事业单位养老保险或职工养老保险的覆盖范围内,也不属于新农保的参保对象。因此,与新农保相对应的,国家于2011年开展了针对城镇居民的社会养老保险试点工作。2012年,新农保和城居保基本实现了制度全覆盖[①]。2014年,在总结试点经验的基础上,国家将新农保和城居保两项制度合并实施,统一并轨为城乡居民基本养老保险。

[①] 参考自人民日报《让城乡居民"老有所养"》,http://www.mohrss.gov.cn/SYrlzyhshbzb/dongtaixinwen/buneiyaowen/201210/t20121012_95042.html。

机关事业单位养老保险的改革相对滞后，其基本模式一直较为稳定，但随着其他类型养老保险改革进程的推进，其原有模式也显露出一些问题。为此，国务院2015年出台相关改革决定，将机关事业单位职工的退休金改为社会养老保险金，与企业职工养老金的计发办法一致，也适用社会统筹与个人账户相结合的模式。

三、居民养老保险参与现状

在城乡居民基本养老保险设立之前，拥有养老保险的个体主要为机关事业单位以及城镇企业的工作人员，养老保险覆盖范围有限。下文的分析以15岁及以上年龄人口（非少儿人口）中养老保险参加人数占比来衡量整体参保率；将参加城镇职工基本养老保险的在职职工视为缴费人员，将参保的离退人员视为领取人员；同样地，将实际领取城乡居民基本养老保险待遇的人员视为领取人员，在其所有参保人员中扣除领取者后，剩余人员视为缴费者；将各类养老保险缴费者人数与15—59岁人口数的比值视为缴费参保率，将领取者人数与60岁及以上人口数的比值视为领取参保率。

根据相关数据计算得到的参保情况如图3-3所示，可以看到在2011年之前，各类参保率的上升较为缓慢，且参保率水平较低，整体参保率处于25%的水平以下，这主要是由于广大农村居民以及无正式工作的城镇居民等群体没有得到养老保险制度的覆盖。2011年开始，各类参保率出现大幅度提升，2013年开始增速放缓并保持在较高水平。这是因为自2011年开始，参保人员中新加入了城乡居民基本养老保险的参保者。其中，2011年新加入的是新型农村社会养老保险试点参保者，

2012年开始新加入的为城乡居民基本养老保险参保者。这说明，城乡居民基本养老保险制度的实施，使全体适龄居民都得到了养老保险制度的覆盖，因此参保率大幅度提高。图中出现了领取参保率的数值大于1的情况，这是因为城镇职工基本养老保险女性参保者的法定退休年龄为50岁或55岁，此外还存在提前退休等情形，这使得实际领取养老金的人口也包含60岁以下的人员。从图3-3还可以观察到，领取参保率的增加幅度更大，绝对水平也更高，这主要是因为城乡居民基本养老保险制度在刚开始实施时，规定在制度覆盖区域内符合条件的60岁及以上年龄的人群可以直接领取养老金。

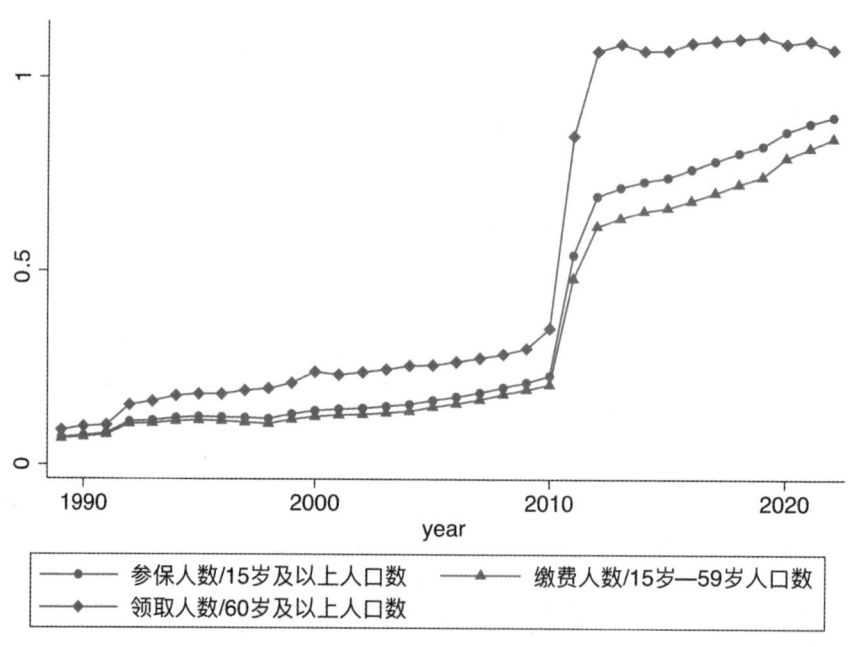

图3-3 养老保险参保率变化趋势

注：图中参保者既包含城镇职工基本养老保险参保者，也包含城乡居民基本养老保险参保者，由于数据限制，不包含机关事业单位的工作人员及离退人员。

数据来源：根据《中国统计年鉴》《中国人口和就业统计年鉴》《中国劳动统计年鉴》以及国家统计局网站（https://data.stats.gov.cn）公布数据计算所得。

城乡居民基本养老保险制度的实施使得许多居民实现了养老保险"从无到有"的转变，为参保者提供了一定程度的保障。然而，还需要注意的是，当前各种类型的养老保险所给付的养老金水平差异较大，具体情况如图3-4所示。其中，机关事业单位退休费来自《中国劳动统计年鉴》所公布的部分年份数据，其他类型的养老金由其所对应的基金支出与离退人员或领取人员数量的比值得到。以2005年为例，机关事业单位人均年离退休费为16410元，城镇职工基本养老保险的人均养老金水平为9251元，前者是后者的1.77倍，而当年的城镇就业人员年平均工资为18200元。2022年时，城镇就业人员年平均工资为114029元，城镇职工基本养老保险的平均养老金水平为43268元，城乡居民基本养老保险的养老金为2456元。从各类退休费或养老金的相对水平可以看出，机关事业单位的退休费水平最高，城镇职工基本养老保险的养老金水平次之，城乡居民基本养老保险的养老金最少且与前两类差异巨大。这可能是因为城乡居民基本养老保险参保者选择的缴费水平较低，或缴费时间较短。

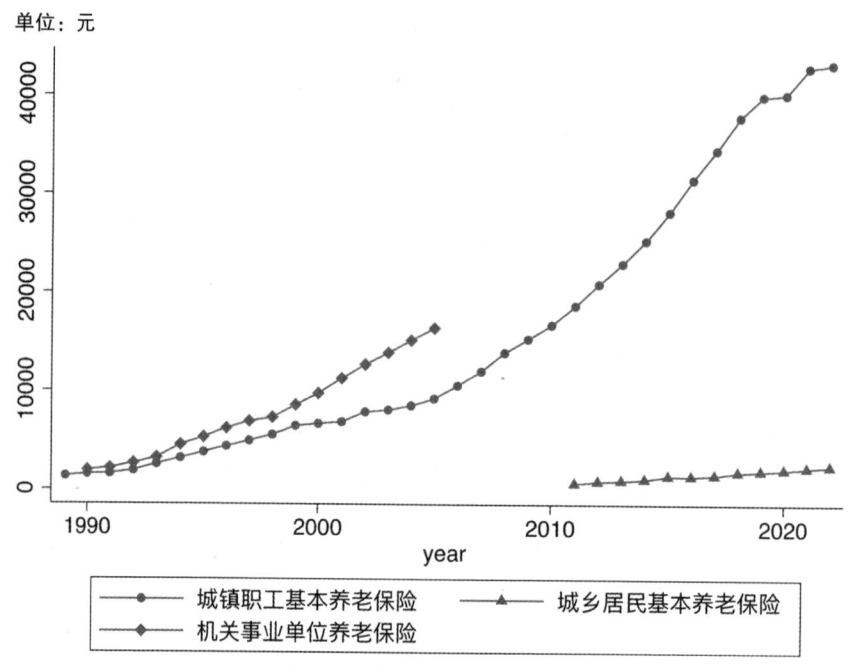

图 3-4 养老金水平变化趋势

注：仅可在《中国劳动统计年鉴》获取部分年份（1990—2005年）的机关事业单位退休费数据，城镇职工基本养老保险数据可获取年份为1989—2022年，城乡居民基本养老保险数据可获取年份为2011—2022年（2011年为新型农村社会养老保险试点数据），图中数据为当年价格水平。

数据来源：根据《中国统计年鉴》《中国劳动统计年鉴》以及国家统计局网站（https://data.stats.gov.cn）公布数据计算所得。

图3-5为使用CHARLS数据得到的中老年家庭参保情况，以家庭为单位，如果中老年个体或其配偶中至少有一人拥有养老保险即认为家庭拥有养老保险。在数据处理上，由于机关事业单位养老保险和城镇职工养老保险的实施时间较长，因此将其合并展示；由于这两类保险的养老金水平较高，因此如果中老年个体或其配偶至少一人拥有这两类保险

中的一种，则将家庭参保类型归为该合并类型；没有参加这两类保险，只参加新型农村社会养老保险、城镇居民社会养老保险或城乡居民基本养老保险的家庭归为另一类型。

可以看到，机关事业单位养老保险或城镇职工基本养老保险参保家庭所占比例为21%—25%。2011年，新型农村社会养老保险和城镇居民社会养老保险处于试点期，参保家庭所占比例为22.39%，超过一半的家庭无任何养老保险，占比为55.8%。2013年，新农保和城居保实现制度全覆盖，参保家庭比例上升至56.82%。随后该比例持续上升，至2018年时达到64.68%，无任何养老保险的家庭占比仅为11.01%。这与图3-3所示的全国参保率变化趋势一致，即城乡居民基本养老保险制度的实施使居民参保率大幅度提升。

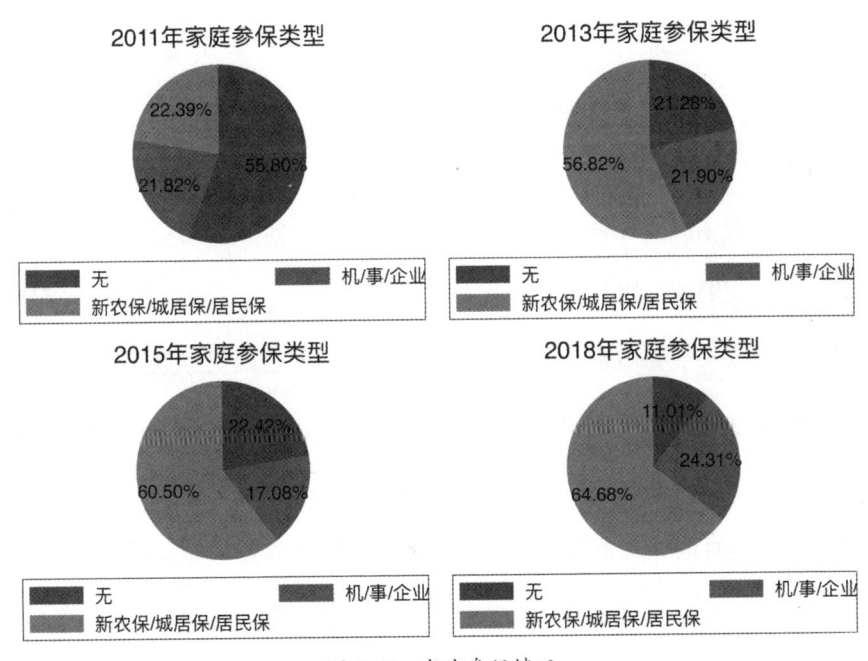

图 3-5　家庭参保情况

数据来源：根据CHARLS数据计算所得。

总的来说，居民的养老保险参与率逐年增加，城乡居民基本养老保险的实施使得所有居民均被养老保险制度覆盖，参保率大幅度提升。同时，不同种类养老保险所给付的养老金水平存在较大差异，这一方面与参保者本身的缴费水平相关，另一方面也与不同种类保险的政策特点相关。城乡居民基本养老保险带有福利性质，既有个人缴费也有集体补助和政府补贴，所针对的群体主要是农村居民或无正式职业的城镇居民，这类群体本身收入水平偏低，自主选择的缴费水平也通常低于城镇职工基本养老保险的参与者，最终可领取的养老金水平也偏低。居民参保类型受到其工作状态、工作类别和工作单位类型等因素的影响，居民可以根据自身情况选择相应的养老保险，尽管不同类别的养老保险存在差异，但其均可以为参保者的老年阶段提供一定程度的保障，从而可能影响到消费行为。

四、本章小结

本章对中国居民消费现状与中国养老保险制度发展历史及现状进行了描述，能够为后续分析提供相关制度背景。通过对比中国与世界其他国家的消费水平和消费率等指标，可以得到中国居民仍然消费较低的结论。通过对居民储蓄动机进行分析，可以看到居民为养老进行储蓄的普遍性，据此可以推断，当参加养老保险有助于降低居民老年阶段生活来源的不确定性时，参保行为有助于释放部分养老储蓄从而促进消费。本章也总结了中国当前多种类型养老保险的演化历史、制度特点和参与现状等，后续章节将会利用这些政策特点进行不同的研究设计。

第四章　参加养老保险对家庭消费的影响

对于没有参加社会养老保险的家庭来说，其养老保险持有状态"从无到有"的变化过程是否会影响家庭消费，消费的变化方向和变化幅度是怎样的，参加养老保险给家庭消费带来的是短期影响还是长期影响，影响程度是否会随参保时间的延长发生变化，其中的影响机制又有哪些，本章对这些问题进行了研究。自从新型农村社会养老保险实施以来，有很多文献实证研究了新农保对农村家庭消费的影响[①]，大部分研究能够得到新农保对消费有促进作用的结论。本章以合并实施的城乡居民基本养老保险作为研究对象，样本扩展为同时包含农村和城镇家庭，并分析了不同参保时长下家庭消费变化的差异，同时讨论了参保行为对家庭消费影响的异质性和作用机制。

一、计量模型选取

如果可以同时获取一个家庭在参保和未参保状态下的消费数据，则可以直接得到养老保险对该家庭消费的影响。但是，在实际情况中，可

---
① 例如，岳爱（2013）以及 Huang and Zhang（2021）。

使用的研究数据为观测数据，家庭只能处于参保或未参保两种状态中的一种。因此，需要同时结合参保家庭和未参保家庭的数据来估计养老保险对家庭消费的作用。

在理想的条件下，如果可以将参保家庭和非参保家庭进行随机分配，定义参保家庭为处理组，非参保家庭为控制组，使两类家庭除是否参保这一特征不同外，其他特征均无系统性差异，或者说使家庭是否参保这一行为与家庭其他特征相互独立。在这种情形下，直接比较两类家庭消费的期望值即可得到参保行为对家庭消费造成的影响，使用样本均值差异就能够得到一致估计。

根据相关政策规定，城乡居民基本养老保险的参加遵循自愿原则，因此家庭是否参加该保险具有一定的自选择性，例如家庭偏好或家庭对养老保险缴费和收益的预期等不可观测因素容易影响到参保决策，使用普通最小二乘法得到的结果容易受到内生性的影响而产生估计偏差。基于此，本章选用双重差分倾向得分匹配法（PSM-DID）[①]来减少内生性的影响，下面将对该方法进行简要介绍。

匹配法主要是在控制组和处理组内寻找可观测变量相似的个体，假设当可观测变量相似时，个体选择参保或不参保的可能性是相近的，因此对两类群体进行比较可以减少内生性偏误。当选用的匹配变量较多时，可以使用倾向得分进行匹配（Propensity Score Matching，缩写为PSM），即选取可观测变量计算个体选择参保的概率，然后以此概率选择相近个体进行匹配。

双重差分法（Difference In Differences，缩写为DID）所使用的数据

[①] 关于该方法的详细介绍与推导证明细节可参见《高级计量经济学及stata应用》（第二版）。

需要包含两个维度，并且要求当维度 2 发生变化时维度 1 才发生变化，通常维度 1 表示处理组得到处理，维度 2 表示时间，比如政策实施前后两期的处理组和控制组数据。以 T_i（treatment）表示家庭属于处理组还是控制组，家庭要么属于处理组（$T_i=1$），要么属于控制组（$T_i=0$）。以 D_i（Date）表示时间，$D_i=0$ 时，无论是控制组还是处理组家庭均未参加养老保险，$D_i=1$ 时，处理组家庭参加养老保险而控制组仍然未参加养老保险。以 C_i（consumption）表示家庭消费支出金额，C_{1i} 表示家庭在参保状态下的消费，C_{0i} 表示家庭在非参保状态下的消费，每个家庭只有一种状态可被观测到。

结合 T_i 和 D_i 可以表示不同组别在不同时期的 C_i，$E(C_{0i}|T_i=1,D_i=0)$ 表示处理组在时期 0 未参保状态下的消费（可被观测），$E(C_{0i}|T_i=1,D_i=1)$ 表示处理组在时期 1 未参保状态下的消费（无法被观测）[①]；$E(C_{0i}|T_i=0,D_i=0)$ 表示控制组在时期 0 未参保状态下的消费（可被观测），$E(C_{0i}|T_i=0,D_i=1)$ 表示控制组在时期 1 未参保状态下的消费（可被观测）。同理，将 C_{1i} 代入以上几个期望公式，可以表示相应组别和时期内参保状态下的消费。双重差分法的核心假设为处理组如果没有得到处理时的消费变化（无法被观测）等同于控制组实际的消费变化（可被观测），用公式可以表示如下：

$$\sigma = E(C_{0i}|T_i=1,D_i=1) - E(C_{0i}|T_i=1,D_i=0)$$
$$= E(C_{0i}|T_i=0,D_i=1) - E(C_{0i}|T_i=0,D_i=0) \quad (4.1)$$

则处理组家庭参保带来的消费变化（ATT, average treatment effect on the treated）可以表示为：

[①] 无法被观测到的状态一般被称作潜在状态，详细介绍参见 *Mostly Harmless Econometrics: An Empiricist's Companion*。

$$\delta=E(C_{1i}|T_i=1,D_i=1)-E(C_{0i}|T_i=1,D_i=1)$$

$$=[E(C_{1i}|T_i=1,D_i=1)-E(C_{0i}|T_i=1,D_i=0)]$$

$$-[E(C_{0i}|T_i=1,D_i=1)-E(C_{0i}|T_i=1,D_i=0)]$$

$$=[E(C_{1i}|T_i=1,D_i=1)-E(C_{0i}|T_i=1,D_i=0)]$$

$$-[E(C_{0i}|T_i=0,D_i=1)-E(C_{0i}|T_i=0,D_i=0)] \quad (4.2)$$

等式（4.2）右边第一个中括号内为处理组在两个时期内被观测到的消费变化，第二个中括号内为控制组在两个时期内被观测到的消费变化。中括号内的同一个组别的差分即为第一次差分，将两组内的差分再在组间差分一次，即为双重差分法。如前所述，城乡居民基本养老保险的参保决策可能具有自选择性，选择参加该养老保险的家庭与一直未参加养老保险的家庭可能存在其他影响消费行为的差异，并且这些差异与家庭参保决策相关，从而造成内生性。如果造成这些差异的变量是不随时间变化的（包括可观测变量以及不可观测变量），则双重差分法可以通过组内差分对其进行消除，因此可以在一定程度上降低内生性。双重差分法对应的计量模型通常为以下形式：

$$C_i=\beta_0+\beta_1 D_i+\beta_2 T_i+\beta_3 D_i \cdot T_i+X_i\gamma+\varepsilon_i \quad (4.3)$$

其中，下标i表示不同个体或家庭，X为其他控制变量组成的向量，γ为其他控制变量的系数向量，ε_i为扰动项，D_i与T_i的交互项的系数β_3即为需要估计的处理效应。

双重差分法的应用需要假设处理组与控制组在未得到处理的情况下，被解释变量随时间变化的趋势是相同的。双重差分倾向得分匹配法（PSM-DID）指的是，先使用倾向得分匹配法对时期0的处理组和控制组家庭进行匹配，再利用匹配后的数据进行双重差分法估计，这样做可以进一步提高双重差分法假设成立的可能性。当这一假设得到满足时，使用样本数据可得到一致估计。

本章的主要研究问题是新参保家庭的消费变化情况，需要样本同时包含上述处理组和控制组家庭。城乡居民基本养老保险的实施是由试点区域逐步推广，最终实现全覆盖，在政策未实施或实施初期时，参保家庭较少，随着政策的推广，同一年份内会同时存在参保家庭与未参保家庭。因此，以城乡居民基本养老保险的实施为切入点，使用PSM-DID方法来分析本章的主要研究问题是合适的。

二、数据与变量处理

（一）数据来源与样本筛选

本章所使用的数据为CHARLS数据，该数据主要收集45岁及以上的受访者个人与家庭信息，问卷内容涵盖丰富的人口学背景、健康、医疗、养老和收入支出等多维度信息，能够为本章的分析提供可靠的数据支持[1]。自2011年基线调查开始，CHARLS已完成多次追踪调查，本章所使用数据的调查年份分别是2011年、2013年、2015年和2018年，涵盖了城乡居民基本养老保险的试点期、推广期以及全覆盖时期，适用于本章的分析。

本章以合并实施的城乡居民基本养老保险作为研究对象，2011年新型农村社会养老保险和城镇居民社会养老保险开始试点，2012年基本实现全覆盖，2014年新型农村社会养老保险和城镇居民社会养老保

---

[1] 数据介绍等信息可参见China Health and Retirement Longitudinal Study Wave 4 User's Guide, http://charls.pku.edu.cn/pages/data/111/zh-cn.html。

险合并为城乡居民基本养老保险。因此，2011年参加城乡居民基本养老保险（含新农保和城居保）的家庭相对较少，参保家庭数量随着该保险实施时间的延长而逐渐增加。

本章以2011年作为基期进行分析，选取在基期未参加城乡居民基本养老保险的家庭，以这些家庭在2013年是否参加城乡居民基本养老保险为依据划分处理组与控制组。由于当前存在多种类型的养老保险，不同类型的养老保险对家庭的保障程度有所不同，城乡居民基本养老保险的养老金待遇相对更低，为避免其他类型养老保险带来的干扰，在选取2011年基期家庭时，剔除了拥有机关事业单位养老保险或城镇职工基本养老保险的家庭。受访者只要回答参加新型农村社会养老保险、城镇居民社会养老保险或城乡居民基本养老保险中的任意一种，均视作参加城乡居民基本养老保险。

为了识别参加城乡居民基本养老保险对家庭消费造成的短期效应和长期效应，本章还区分了参保时长，参考何晖和李小琴（2020）对新农保长短期效应区分的做法，在其基础上进行了改进。具体来说，本章选取了三对处理组和控制组来代表不同参保时长。第一，以2011年为基期，以2013年为时期1，选取2011年未参保而2013年参保的家庭为处理组，其参保时长为1年或2年，2011年和2013年均未参保的家庭为相应的控制组。第二，以2011年为基期，以2015年为时期1，选取2011年未参保，2013年和2015年均参保的家庭作为新的处理组，在2015年其参保时长为3年或4年，2011年和2015年均未参保的家庭作为新的控制组。第三，以2011年为基期，以2018年为时期1，选取2011年未参保，2013年和2018年均参保的家庭作为新的处理组，在2018年其参保时长为 6 年或 7 年，2011 年和 2018 年均未参保的家庭作为新的控制组。

上述三对处理组和控制组的筛选条件可以用表 4-1 进行简要表示，以 2011 年作为时期 0，分别以 2013 年、2015 年和 2018 年作为时期 1，以时期 1 年份内家庭的参保状态作为划分控制组和处理组的依据，其中 2015 年和 2018 年的处理组均需满足 2013 年已参保的条件，这样做可以保证处理组家庭有足够的参保时长。使用不同处理组和控制组的组合分别进行实证分析，所得结果的差异可以用于推断养老保险对家庭消费影响随参保时长增加而发生的变化。以 2013 年参保状态为筛选条件时，得到控制组家庭数量（单个年份内）为 1334，处理组为 3397；以 2015 年参保状态为筛选条件时，得到控制组家庭数量为 1217，处理组为 2563；以 2018 年参保状态为筛选条件时，得到控制组家庭数量为 624，处理组为 2671[①]。

表 4-1　样本筛选条件

	筛选 1		筛选 2		筛选 3	
	2011 年	2013 年	2011 年	2015 年	2011 年	2018 年
处理组	未参保	参保	未参保	参保	未参保	参保
控制组	未参保	未参保	未参保	未参保	未参保	未参保

注：表中的年份为用于划分处理组和控制组时的不同依据（即不同的时期 1），每个年份对应的基期都是 2011 年（即时期 0），2015 年

---

① 此处的家庭数量仅以参保情况进行筛选，未考虑其他变量的缺失情况，后续的具体实证分析部除了会考虑到变量的缺失情况，还会根据处理组与控制组倾向得分的共同取值范围（common support）进一步筛选样本，因此最终进入计量分析的样本数量与此处的数值存在差异。

和2018年的处理组均需满足2013年已参保的条件。

（二）变量设定与描述性统计

本章所使用的主要变量定义如下。

1. 被解释变量。家庭消费支出，本章的消费支出均进行了对数处理①。由于问卷中消费种类繁多，本部分根据消费用途对部分消费类别进行了合并，将家具、电器、汽车、其他交通工具和通信工具的购买视为耐用品支出，剩余支出为非耐用品支出。进一步地，将非耐用品支出区分为家庭日常支出、工作相关支出、休闲支出、医疗支出、教育支出和烟酒支出共6类。家庭日常支出包括食品、水电、燃料、日用品、取暖费和物业费支出；参照李宏彬等（2015）的做法，工作相关支出包括外出就餐、衣着、交通和通信支出；休闲支出包括外出就餐、文娱、旅游、保健、美容和保姆支出；香烟酒水支出与健康行为相关，因此将其作为单独的消费类别分析。由于工作相关支出与休闲支出均含有外出就餐，使这两类消费无法互斥，而这两类支出通常与家庭的外出活动相关，因此本书除了单独分析这两类支出，还另外将其合并为工作休闲支出进行分析，与居家日常支出相对应。

2. 核心处理变量。即公式（4.3）中的家庭参保状态。本部分的研究目的是检验家庭新加入基本养老保险后消费的变化情况。由于城乡居民基本养老保险的实施时间相对较短，可以同时得到较多已参保和未参保的家庭样本，因此以家庭是否参加该类保险作为划分处理组与控制组的依据。为避免其他类型养老保险的影响，选择只参加了城乡居民基本养老保险而没有参加城镇职工基本养老保险或机关事业单位养老保险的

---

① 使用对数值作为被解释变量得到的估计系数含义可以理解为：$b=\ln y_1-\ln y_0=\ln(y_1/y_0)=\ln[1+(y_1-y_0)/y_0]$，则被解释变量的变化率为$r=e^b-1$。

家庭作为处理组，这三类保险都没有参加的家庭作为控制组。主要受访者及其配偶中的任意一人参加了该养老保险，即认为家庭处于参保状态。如果家庭参加城乡居民基本养老保险，则参保变量取值为 1；如果家庭没有参加任何一种社会养老保险，则取值为 0。

3. 时间变量。即公式（4.3）中的参保时长。本章的分析以 2011 年为基期，定义为时期 0；分别选取 2013 年、2015 年和 2018 年作为时期 1。如果样本处于基期，则时间变量取值为 0；如果样本处于时期 1，则取值为 1。保持基期年份不变，选取不同年份作为时期 1 可以表示参保时长的不同，从而有助于比较不同参保时长下消费变化的差异。

4. 控制变量。也即 PSM-DID 中基期用于匹配的变量，包括受访者个人层面变量和家庭层面变量，匹配以家庭为单位。根据相关政策规定，城乡居民基本养老保险的领取条件在男性和女性之间没有区别。因此，为了兼顾受访者及其配偶的相关特征，以家庭内所有受访者的个人特征变量均值作为匹配变量，包括受访者平均户口性质（农业户口取值为 1，非农业户口取值为 2）、平均性别（女性取值为 1，男性取值为 0）和平均年龄。家庭层面的特征包括受访者婚姻状况（有配偶取值为 1，否则取值为 0）、家庭人口数、是否城镇地区和家庭最高学历，家庭最高学历指的是所有受访者中的最大值。最高学历取值为 1 到 4，分别代表小学以下、小学或初中、高中或中专和大专及以上。消费与收入水平密切相关，考虑到家庭参保会带来养老金收入的增加从而带来干扰，使用家庭非养老金收入作为基期匹配变量。此外，本部分还选取了家庭是否拥有当前房产的产权和是否拥有土地的虚拟变量，用于代表家庭的资产状况。

5.机制变量。根据第二章的理论分析，养老保险影响家庭消费的渠道可能包括收入、劳动供给和养老预期等。因此，本章选取的机制变量共有四个，包括家庭总收入、家庭工作状态、工作意愿，以及是否将养老金作为预期老年生活来源。具体来说，家庭总收入包括养老金收入以及非养老金收入，在回归分析中对家庭总收入进行了对数处理；家庭工作状态指的是受访者是否正在工作，任一受访者正在工作即认为家庭处于工作状态，赋值为1，否则赋值为0。本章构造了工作意愿变量用来考察家庭主观工作倾向，问卷针对当前正在工作或正在找工作的受访者，询问其计划在多大年龄停止任何形式的工作，任一受访者回答为一直工作时，即认为家庭倾向于一直工作，工作意愿变量赋值为1，否则赋值为0，由于2018年问卷未能统计到回答一直工作的受访者，因此针对该变量的分析只限于2011年至2015年。任一受访者预期老年主要生活来源为养老金即认为家庭至少将养老金作为老年主要生活来源之一，养老预期变量赋值为1，否则赋值为0。

表4-2给出了相关变量的分类和符号表示，同时分别给出了基期（2011年）与各参保期（2013年/2015年/2018年）内处理组和控制组家庭各变量的描述性统计。可以看出，无论是参保家庭还是非参保家庭，消费支出均呈现上升趋势，2011—2018年的消费支出在参保家庭中上升幅度相对更大，控制变量和机制变量在两个组别之间也存在差异，接下来将使用PSM-DID方法进行详细的计量分析。

表 4-2 描述性统计

变量	符号	无养老保险家庭				城乡居民基本养老保险参保家庭			
消费支出		2011年	2013年	2015年	2018年	2011年	2013年	2015年	2018年
总支出	exp	20372.74	29490.54	28403.24	30493.42	18567.40	27950.16	28999.06	28808.17
耐用品	du	3582.01	2835.34	3277.90	4562.52	2632.12	2664.67	2710.39	3108.77
非耐用品	nondu	16645.94	26250.81	24946.94	28081.44	15922.07	25337.46	25850.43	28307.65
烟酒	cig	1463.08	2164.45	1709.77	2414.75	1741.69	1772.69	2067.64	2314.08
教育	edu	31.18	1340.85	950.79	1581.45	52.96	1265.36	910.16	1134.68
医疗	medi	32.69	3899.04	3199.58	4204.83	31.91	3970.19	3629.46	5583.74
日常	daily	9128.36	14350.44	15487.86	14422.71	8638.71	14671.94	15518.24	14176.68
工作	work	2718.18	3019.38	3107.58	4614.62	2211.32	2750.37	3090.96	4179.42
休闲	lei	1175.13	1053.96	1148.81	2559.48	742.79	805.44	1041.53	2197.34
外出	w&l	3407.15	3371.06	3452.80	5163.72	2718.31	3045.58	3347.07	4699.75
控制变量		2011年	2013年	2015年	2018年	2011年	2013年	2015年	2018年
家庭人口数	pop	3.57	2.62	2.39	2.48	3.69	2.74	2.54	2.71
是否城镇地区	urban	0.37	0.37	0.34	0.37	0.21	0.21	0.19	0.19
家庭最高学历	e_level	1.70	1.69	1.62	1.63	1.67	1.66	1.68	1.69
户口性质	hukou	1.11	1.12	1.13	1.13	1.04	1.04	1.04	1.04
是否有配偶	spouse	0.73	0.69	0.62	0.56	0.77	0.75	0.76	0.71
平均性别	female	0.54	0.55	0.58	0.59	0.53	0.54	0.54	0.56
平均年龄	age	59.49	61.47	63.95	66.67	59.80	61.74	62.89	65.59
是否有房产	house	0.89	0.89	0.85	0.75	0.91	0.91	0.86	0.81
是否有土地	land	0.75	0.71	0.55	0.61	0.87	0.83	0.78	0.76
非养老金收入	nonpen	20744.01	21022.66	15270.99	23263.52	19662.89	18754.96	14994.89	18438.59

（续表）

变量	符号	无养老保险家庭				城乡居民基本养老保险参保家庭			
机制变量		2011年	2013年	2015年	2018年	2011年	2013年	2015年	2018年
是否有工作	job	0.74	0.72	0.64	0.62	0.81	0.79	0.80	0.74
工作意愿	plan	0.81	0.80	0.77	—	0.83	0.83	0.75	—
养老预期	rely	0.07	0.12	0.16	0.15	0.04	0.16	0.19	0.22
总收入	income	21005.38	21642.55	15997.04	25442.65	19823.46	19387.87	15919.96	19474.13

注：总收入指的是家庭总收入，既包含养老金收入也包含非养老金收入。消费支出以2011年居民消费价格指数为基期进行调整，价格指数来源于《中国统计年鉴》。最高学历取值为1到4，分别代表小学以下、小学或初中、高中或中专和大专及以上。农业户口取值为1，非农业户口取值为2。有配偶取值为1，否则取值为0。女性取值为1，男性取值为0。拥有当前房产的产权取值为1，否则取值为0。家庭拥有土地取值为1，否则取值为0。限于篇幅，表中仅列示了各变量的平均值，没有列示标准差。

三、基准实证结果

表4-3为基准回归结果，交互项的系数估计值即为家庭参加城乡居民基本养老保险对消费支出的影响。整体来看，无论使用哪个年份作为时期1，参保家庭的消费均有不同程度的增加，说明城乡居民基本养老保险对消费有一定的促进作用，不同消费细项的变化存在差异。同时，随着参保时长的增加，不同类别消费变化的显著程度以及变化幅度有所不同。

表 4-3 城乡居民基本养老保险对家庭消费支出的影响（基准结果）

2013年	总支出	耐用品	非耐用品	烟酒	教育	医疗	日常	工作	休闲	外出
年份	0.36***	−0.16	0.39***	−0.46*	1.83***	5.41***	0.44***	0.05	−1.07***	−0.10
	(0.06)	(0.33)	(0.05)	(0.23)	(0.13)	(0.22)	(0.06)	(0.10)	(0.20)	(0.10)
处理	−0.03	−0.10	−0.03	−0.22	−0.01	0.02	−0.05	0.06	−0.24	0.04
	(0.03)	(0.11)	(0.03)	(0.19)	(0.05)	(0.07)	(0.05)	(0.07)	(0.16)	(0.06)
交互	0.01	0.02	0.02	0.26	0.08	0.47*	0.06	0.06	0.42**	0.11
	(0.07)	(0.26)	(0.07)	(0.21)	(0.15)	(0.24)	(0.07)	(0.10)	(0.20)	(0.10)
cons	9.45***	3.33***	9.33***	4.23***	0.21***	0.43***	8.69***	6.70***	2.40***	6.88***
	(0.05)	(0.17)	(0.05)	(0.27)	(0.04)	(0.07)	(0.07)	(0.12)	(0.18)	(0.12)
N	6,455	8,390	6,479	8,490	8,461	8,286	7,132	7,585	8,264	7,502
2015年	总支出	耐用品	非耐用品	烟酒	教育	医疗	日常	工作	休闲	外出
年份	0.20***	−0.30	0.24***	−0.52**	1.16***	4.75***	0.37***	−0.08	−0.96***	−0.18**
	(0.05)	(0.27)	(0.05)	(0.22)	(0.16)	(0.19)	(0.05)	(0.09)	(0.19)	(0.08)
处理	−0.06	0.00	−0.06	0.07	−0.00	−0.10**	−0.05	0.08	−0.09	0.09
	(0.04)	(0.23)	(0.04)	(0.15)	(0.05)	(0.05)	(0.04)	(0.06)	(0.14)	(0.06)
交互	0.17*	0.08	0.16*	0.05	0.24	0.63***	0.10	0.22**	0.24	0.20**
	(0.09)	(0.18)	(0.08)	(0.21)	(0.17)	(0.20)	(0.07)	(0.10)	(0.19)	(0.09)
cons	9.48***	3.26***	9.37***	4.05***	0.18***	0.53***	8.70***	6.75***	2.29***	6.90***
	(0.04)	(0.23)	(0.03)	(0.21)	(0.04)	(0.07)	(0.06)	(0.11)	(0.15)	(0.09)
N	5,067	6,616	5,080	6,660	6,660	6,521	5,562	5,955	6,510	5,899
2018年	总支出	耐用品	非耐用品	烟酒	教育	医疗	日常	工作	休闲	外出
年份	0.03	−0.69**	0.17	−1.22***	1.12***	5.46***	0.13	−0.26*	−0.48	−0.33**
	(0.12)	(0.32)	(0.11)	(0.30)	(0.23)	(0.31)	(0.14)	(0.14)	(0.36)	(0.14)

（续表）

2018年总支出	耐用品	非耐用品	烟酒	教育	医疗	日常	工作	休闲	外出
处理	−0.04	−0.05	−0.04	−0.31	−0.02	−0.22**	0.04	−0.12	−0.33*	−0.08
	(0.08)	(0.23)	(0.07)	(0.29)	(0.08)	(0.11)	(0.09)	(0.11)	(0.18)	(0.11)
交互	0.21*	0.07	0.23**	0.68**	0.37	0.65*	0.21	0.47***	0.24	0.39**
	(0.11)	(0.30)	(0.11)	(0.31)	(0.27)	(0.32)	(0.15)	(0.15)	(0.30)	(0.14)
cons	9.46***	3.22***	9.35***	4.37***	0.20**	0.63***	8.63***	6.91***	2.49***	7.05***
	(0.10)	(0.30)	(0.09)	(0.33)	(0.07)	(0.12)	(0.11)	(0.14)	(0.19)	(0.13)
N	5,175	5,790	4,870	5,977	5,871	5,839	5,364	5,324	5,749	5,252

注：2013年及其他年份分别代表由不同的时期1和基期组成的样本，列标题是被解释变量，交互项系数即为参保行为对消费的影响。括号内为省份聚类稳健标准误，***、**、*分别表示1%、5%、10%的显著性水平，cons表示常数项，N表示样本量。

以2013年为时期1的回归结果显示，在政策刚实现全覆盖后，参保家庭的医疗支出与休闲支出显著增加，其他类别消费与总消费支出变化不显著。这可能是因为家庭参保有利于稳定预期，降低老年阶段的不确定性，而休闲支出更接近享受型消费，需求弹性较大，可调节范围较广，在家庭参保后优先得到释放。医疗支出与家庭的健康需求和生活质量密切相关，参保行为使家庭缓解了养老的后顾之忧，预防性储蓄减少，可以将家庭收入更多地用于提升健康水平。

随着参保时长的增加，养老保险对家庭总消费支出的促进作用逐渐显著，促进程度逐渐提高，与2011年相比，家庭总消费支出在2013年变化不显著，2015 年显著增加约 18%，2018 年显著增加约 31%[①]。耐用品支出变化始终不显著，非耐用品支出与总消费支出的变化规律一致，这也从侧面说明养老保险影响的主要是非耐用品支出。

从消费类别来看，不同参保时长下的消费细项变化存在差异。参保行为对家庭医疗支出的促进效果最明显，在每一组回归结果中医疗支出均显著增加，且交互项系数的估计值逐年增加。这一方面可能是由于养老保险降低了老年阶段生活来源的不确定性，从而释放了家庭的医疗需求；另一方面也是随着参保时长增加，家庭成员年龄也随之增长，医疗需求也相应增加。家庭日常消费支出与教育支出的变化一直不显著，这可能是因为家庭日常消费支出相对稳定，需求弹性较小，家庭相应的调整时间也更长；而教育支出主要与子女数量和子女年龄相关，可能受家庭异质性影响而整体不显著，下一小节的异质性分析讨论了不同家庭结构下的教育支出变化情况。

单独观察休闲支出时，与 2011 年相比，参保家庭只在 2013 年参保初期显著增加了该类支出，随着参保时长的增加，休闲支出变化不再显著。工作相关支出在 2013 年样本内没有显著变化，在 2015 年和 2018 年样本内显著增加且系数估计值逐年增大。工作相关支出包含的项目也具有一定的社交和休闲性质，与休闲支出同时包含外出就餐支出，将工作相关支出与休闲支出进行合并，可以视作外出类支出，与居家日常支出相对应。合并后，整体外出类支出与工作相关支出变化规律一致。这说明，与工作支出相比，休闲支出包含的主要是单次消费金额相对较大的消费项目，家庭的休闲娱乐需求在参保初期会优先得到暂时性的释放，

[①] 变化率的计算公式为：$r=e^b-1$，其中 b 为交互项系数估计值。

随着参保时长的增加，家庭会逐步缩减休闲支出至参保前状态，转为增加更常规的外出类消费，这与理性消费者的经济学假设是一致的。烟酒支出在2018年样本内才显著增加，这可能是因为该类支出在家庭消费中的重要程度和必要程度相对较低，因此家庭不会优先增加该类支出。

四、异质性分析1：不同参保人群

为了识别养老保险对中老年个体消费行为的影响，可以将样本区分为空巢家庭和非空巢家庭。CHARLS数据要求主要受访者的年龄需满45周岁或以上，使用该数据集可以获取仅包含中老年个体的空巢家庭。本部分将样本家庭区分为两类：第一类是家庭成员中只有45岁及以上的受访者及其配偶，即纯受访者家庭，将其视为空巢家庭；第二类是家庭中还有其他家庭成员，即非纯受访者家庭，将其视为非空巢家庭[①]。

对于空巢家庭，以2013年参保状态为筛选条件时，得到控制组家庭数量（单个年份内）为375，处理组为939；以2015年参保状态为筛选条件时，得到控制组家庭数量为301，处理组为559；以2018年参保状态为筛选条件时，得到控制组家庭数量为187，处理组为556。对于非空巢家庭，以2013年参保状态为筛选条件时，得到控制组家庭数量（单个年份内）为498，处理组为1386；以2015年参保状态为筛选条件时，得到控制组家庭数量为477，处理组为705；以2018年参保状态为筛选条件时，得到控制组家庭数量为214，处理组为684。两类家庭相应的回归结果分别如表4-4和表4-5所示。

---

① 在非纯受访者家庭中，受访者与子女或孙子女同住的比例非常高，因此可以将其近似视为非空巢中老年家庭。

结果显示，两类家庭的总消费支出、耐用品支出和非耐用品支出的变化均不显著。两类家庭的消费细项受参保行为的影响不同，整体来看，空巢家庭的参保行为对消费的影响显著性较差，而非空巢家庭某些类别的消费受参保行为的影响更明显。

对比来看，空巢家庭的教育支出受参保行为影响不显著，而非空巢家庭参保后的教育支出显著增加，且增加幅度随参保时长的增长而递增。这可能是因为教育支出通常为子女的学杂费或培训费，非空巢家庭内的中老年个体参保后，自身的养老需求得到部分满足，从而可以将家庭收入更多地投入子女教育。空巢家庭没有同住子女，因此该类支出水平较低。这种由于家庭人口结构差异造成的教育支出变化差异也可以在一定程度上解释基准结果中为何教育支出变化的显著性较差。

医疗支出在空巢家庭参保初期显著增加而参保后期不显著，在非空巢家庭参保后期显著增加。一般来说，空巢家庭的平均年龄更大，家庭人口数量更少，总体收入水平更低，从而可能在消费支出上顾虑较大。参保行为使空巢家庭在短期内增加医疗支出以满足部分健康需求，但由于空巢家庭更加谨慎，因此不会长期维持较高的医疗支出。此外，这也可能是因为没有子女等亲属同住的空巢中老年人健康意识相对较低，空巢家庭的烟酒支出在2015年样本内的显著增加也能从侧面反映这一点，而非空巢家庭的烟酒支出变化一直不显著。除医疗支出和烟酒支出外，空巢家庭的其他消费细项变化均不显著。

参保行为使非空巢家庭的休闲支出增加显著，但变化幅度随着参保时长的增加而递减，工作相关支出在参保初期显著增加，参保后期变化不再显著，整体外出类支出在参保后期变化不显著，而空巢家庭这几类消费支出变化均不显著。这可能是因为家庭的休闲支出更倾向于优先满足子女的休闲需求，而空巢中老年个体自身的休闲需求较低，或更倾向于通过花费较低的休闲项目来满足休闲需求。日常支出在非空巢家庭内变化不显著，这也与基准结果相一致。

表4-4 城乡居民基本养老保险对家庭消费支出的影响（空巢家庭）

2013年	总支出	耐用品	非耐用品	烟酒	教育	医疗	日常	工作	休闲	外出
年份	0.48***	1.51***	0.41***	−0.39	0.14	4.97***	0.32*	0.37**	−0.70***	0.26
	(0.12)	(0.39)	(0.10)	(0.36)	(0.12)	(0.23)	(0.16)	(0.18)	(0.25)	(0.18)
处理	0.12*	0.01	0.12**	−0.04	0.04	−0.07	0.04	0.60**	0.04	0.59**
	(0.06)	(0.22)	(0.05)	(0.26)	(0.06)	(0.06)	(0.11)	(0.24)	(0.24)	(0.23)
交互	−0.02	−0.34	0.03	0.40	−0.19	0.93***	0.22	−0.13	0.33	−0.08
	(0.14)	(0.44)	(0.12)	(0.30)	(0.12)	(0.27)	(0.16)	(0.20)	(0.29)	(0.20)
cons	8.81***	1.01***	8.77***	3.38***	0.18**	0.26***	8.18***	5.00***	1.41***	5.17***
	(0.07)	(0.15)	(0.07)	(0.23)	(0.07)	(0.09)	(0.12)	(0.24)	(0.19)	(0.22)
N	1,815	2,327	1,819	2,348	2,326	2,278	1,932	2,152	2,281	2,139
2015年	总支出	耐用品	非耐用品	烟酒	教育	医疗	日常	工作	休闲	外出
年份	0.29***	1.06***	0.28**	−1.04**	0.06	5.05***	0.26	0.21	−0.03	0.17
	(0.09)	(0.34)	(0.10)	(0.40)	(0.07)	(0.36)	(0.16)	(0.20)	(0.27)	(0.21)
处理	−0.08	0.16	−0.10	−0.44	0.10	−0.10	−0.08	0.07	0.22	0.06
	(0.10)	(0.22)	(0.11)	(0.28)	(0.07)	(0.09)	(0.07)	(0.27)	(0.25)	(0.27)
交互	0.16	−0.00	0.15	0.97**	−0.07	0.43	0.20	0.15	−0.28	0.12
	(0.12)	(0.33)	(0.13)	(0.36)	(0.09)	(0.40)	(0.18)	(0.25)	(0.25)	(0.25)
cons	9.03***	0.97***	9.00***	3.80***	0.11	0.31**	8.32***	5.65***	1.26***	5.83***

（续表）

2015年	总支出	耐用品	非耐用品	烟酒	教育	医疗	日常	工作	休闲	外出
	(0.07)	(0.28)	(0.08)	(0.34)	(0.07)	(0.12)	(0.06)	(0.22)	(0.24)	(0.23)
N	1,181	1,477	1,183	1,512	1,487	1,460	1,249	1,394	1,479	1,388
2018年	总支出	耐用品	非耐用品	烟酒	教育	医疗	日常	工作	休闲	外出
年份	0.05	0.93	0.20	−0.99**	−0.04	5.77***	0.07	−0.21	−0.37	−0.29
	(0.13)	(0.57)	(0.12)	(0.43)	(0.15)	(0.67)	(0.17)	(0.28)	(0.34)	(0.28)
处理	−0.02	0.02	0.01	0.23	0.03	0.20***	0.08	0.03	0.19	0.12
	(0.16)	(0.45)	(0.14)	(0.58)	(0.10)	(0.05)	(0.18)	(0.39)	(0.35)	(0.40)
交互	0.16	−0.11	0.09	0.35	−0.11	0.44	0.10	0.41	0.12	0.35
	(0.16)	(0.64)	(0.16)	(0.54)	(0.14)	(0.71)	(0.21)	(0.31)	(0.39)	(0.32)
cons	8.99***	1.02**	8.93***	3.29***	0.16*	0.04	8.22***	5.79***	1.36***	5.88***
	(0.18)	(0.43)	(0.16)	(0.43)	(0.09)	(0.02)	(0.19)	(0.40)	(0.32)	(0.40)
N	1,196	1,334	1,124	1,346	1,331	1,315	1,178	1,263	1,311	1,256

注：本表内符号的含义与表4-3相同。

表4-5 城乡居民基本养老保险对家庭消费支出的影响（非空巢家庭）

2013年	总支出	耐用品	非耐用品	烟酒	教育	医疗	日常	工作	休闲	外出
年份	0.30***	−1.13**	0.34***	−0.56**	3.11***	5.67***	0.37***	−0.16	−1.68***	−0.35**
	(0.08)	(0.41)	(0.07)	(0.25)	(0.22)	(0.20)	(0.08)	(0.11)	(0.45)	(0.13)
处理	−0.17*	−0.27	−0.17**	−0.38	−0.03	−0.01	−0.14*	−0.26**	−0.78***	−0.29**
	(0.09)	(0.33)	(0.08)	(0.40)	(0.06)	(0.12)	(0.08)	(0.12)	(0.22)	(0.12)
交互	0.12	0.42	0.14	0.33	0.46**	0.42	0.16	0.29**	1.04**	0.37**
	(0.12)	(0.43)	(0.11)	(0.31)	(0.17)	(0.26)	(0.10)	(0.11)	(0.42)	(0.14)
cons	9.88***	4.76***	9.74***	4.81***	0.20***	0.57***	9.07***	7.64***	3.21***	7.83***

（续表）

2013年	总支出	耐用品	非耐用品	烟酒	教育	医疗	日常	工作	休闲	外出
	(0.08)	(0.25)	(0.07)	(0.48)	(0.07)	(0.10)	(0.07)	(0.13)	(0.24)	(0.12)
N	2,411	3,189	2,428	3,268	3,234	3,169	2,728	2,821	3,162	2,782
2015年	总支出	耐用品	非耐用品	烟酒	教育	医疗	日常	工作	休闲	外出
年份	0.28***	-1.27***	0.36***	-0.34	2.56***	4.35***	0.47***	-0.46**	-1.64***	-0.59**
	(0.08)	(0.34)	(0.08)	(0.39)	(0.27)	(0.28)	(0.09)	(0.20)	(0.38)	(0.22)
处理	-0.05	0.01	-0.04	0.72**	-0.03	-0.15	-0.05	-0.04	-0.68*	-0.05
	(0.07)	(0.41)	(0.07)	(0.28)	(0.09)	(0.12)	(0.07)	(0.06)	(0.34)	(0.05)
交互	0.19	0.31	0.17	-0.35	0.76**	1.29***	0.12	0.65***	1.03*	0.67***
	(0.15)	(0.47)	(0.14)	(0.50)	(0.34)	(0.28)	(0.17)	(0.21)	(0.52)	(0.23)
cons	9.79***	4.40***	9.65***	3.99***	0.20**	0.68***	9.02***	7.49***	3.18***	7.66***
	(0.05)	(0.28)	(0.05)	(0.24)	(0.07)	(0.14)	(0.06)	(0.09)	(0.26)	(0.07)
N	1,372	1,905	1,379	1,909	1,932	1,882	1,615	1,677	1,863	1,629
2018年	总支出	耐用品	非耐用品	烟酒	教育	医疗	日常	工作	休闲	外出
年份	0.19	-1.72***	0.57***	-1.59**	2.78***	5.80***	0.55***	0.58*	0.09	0.52
	(0.18)	(0.51)	(0.16)	(0.59)	(0.50)	(0.52)	(0.15)	(0.30)	(0.86)	(0.32)
处理	-0.09	-0.88**	0.00	-0.37	0.01	-0.63**	-0.00	0.05	-0.35	0.07
	(0.08)	(0.41)	(0.09)	(0.47)	(0.09)	(0.24)	(0.14)	(0.20)	(0.42)	(0.20)
交互	0.23	0.76	0.01	0.98	1.23**	0.60	-0.01	-0.06	0.18	-0.10
	(0.18)	(0.62)	(0.14)	(0.59)	(0.54)	(0.47)	(0.15)	(0.30)	(0.84)	(0.30)
cons	9.81***	5.14***	9.59***	4.87***	0.14*	1.11***	8.93***	7.36***	2.67***	7.48***
	(0.07)	(0.36)	(0.08)	(0.37)	(0.08)	(0.24)	(0.13)	(0.21)	(0.42)	(0.21)
N	1,378	1,599	1,267	1,595	1,603	1,592	1,450	1,397	1,564	1,368

注：本表内符号的含义与表4-3相同。

五、异质性分析2：不同参保状态

根据养老保险的制度特点，整个参保阶段可以区分为缴费阶段和领取阶段，通过区分处于缴费阶段和领取阶段家庭的子样本，可以识别养老保险对消费产生的不同效果。处于缴费阶段的家庭没有实际的养老金收入，养老保险可能主要通过影响家庭预期进而影响家庭消费；处于领取阶段的家庭可以获得养老金收入，养老保险可能主要通过收入影响家庭消费。本部分对家庭参保状态的定义如下：当所有受访者均未领取养老金且至少有一个受访者处于缴费阶段时，认为家庭处于缴费阶段；当至少有一个受访者已经领取养老金时，认为家庭处于领取阶段。

对于缴费样本，以 2013 年参保状态为筛选条件时，得到控制组家庭数量（单个年份内）为 1334，处理组为 1563；以 2015 年参保状态为筛选条件时，得到控制组家庭数量为 1217，处理组为 958；以 2018 年参保状态为筛选条件时，得到控制组家庭数量为 624，处理组为 706。对于领取样本，以 2013 年参保状态为筛选条件时，得到控制组家庭数量（单个年份内）为 1334，处理组为 1834；以 2015 年参保状态为筛选条件时，得到控制组家庭数量为 1217，处理组为 1264；以 2018 年参保状态为筛选条件时，得到控制组家庭数量为 624，处理组为 1338。两类家庭相应的回归结果分别如表 4-6 和表 4-7 所示。

可以看出，缴费家庭与领取家庭参保后的消费变化存在明显的异质性。缴费家庭的总消费支出和非耐用品支出与基准回归结果所呈现的变化规律一致，即随着参保时长的增加，消费显著增加且增加幅度逐渐变大，而耐用品支出受参保行为的影响不显著。而对于领取家庭来说，总消费支出、耐用品支出和非耐用品支出受参保行为的影响均不显著。

从消费细项上看，缴费家庭和领取家庭的医疗支出变化规律均与基准回归结果一致，即医疗支出显著增加且增加幅度逐年递增。两类家庭的烟酒支出、教育支出和家庭日常支出受参保行为的影响均不显著。休闲支出在缴费家庭内变化不显著，在领取家庭刚开始获得养老金的初期有暂时性增加，但会随参保时长的增加而回落。这可能是因为领取家庭是 2012 年或 2013 年开始领取养老金，并没有经历较长的缴费阶段，领取初期的养老金收入对家庭来说更接近一笔暂时性收入，给家庭总体收入带来正向冲击，因此领取家庭倾向于优先增加休闲支出。随着领取时长的增加，领取家庭会重新调整预期与消费，休闲支出的变化不再显著，家庭转向更为常规的外出类消费，这主要表现为工作相关支出在 2018 年显著增加。与缴费家庭相比，领取家庭的参保者年龄通常已超过 60 周岁，因此缴费家庭的整体外出类消费更偏向工作性质，而领取家庭更偏向休闲性质。缴费家庭的外出类消费在参保初期有显著增加，缴费时长继续增加后，外出类消费变化不再显著。

表 4-6　城乡居民基本养老保险对家庭消费支出的影响（缴费家庭）

2013年	总支出	耐用品	非耐用品	烟酒	教育	医疗	日常	工作	休闲	外出
年份	0.34***	−0.28	0.41***	−0.53*	2.39***	5.19***	0.46***	0.01	−1.10***	−0.13
	(0.06)	(0.47)	(0.05)	(0.27)	(0.20)	(0.22)	(0.05)	(0.09)	(0.24)	(0.08)
处理	−0.06**	−0.39	−0.04	−0.26	−0.02	−0.03	−0.06	−0.08	−0.37**	−0.07
	(0.03)	(0.23)	(0.03)	(0.22)	(0.07)	(0.09)	(0.05)	(0.06)	(0.17)	(0.05)
交互	0.02	0.14	0.01	0.36	−0.11	0.53**	0.08	0.12	0.34	0.13*
	(0.05)	(0.41)	(0.06)	(0.29)	(0.23)	(0.25)	(0.06)	(0.08)	(0.24)	(0.07)
cons	9.71***	4.07***	9.54***	4.75***	0.22***	0.62***	8.87***	7.45***	2.93***	7.62***

（续表）

2013年	总支出	耐用品	非耐用品	烟酒	教育	医疗	日常	工作	休闲	外出
	(0.05)	(0.27)	(0.05)	(0.27)	(0.06)	(0.09)	(0.07)	(0.07)	(0.17)	(0.07)
N	3,915	5,051	3,929	5,083	5,094	4,992	4,330	4,580	4,955	4,515
2015年	总支出	耐用品	非耐用品	烟酒	教育	医疗	日常	工作	休闲	外出
年份	0.20***	−0.39	0.28***	−0.28	1.62***	4.28***	0.42***	−0.10	−1.10***	−0.19**
	(0.07)	(0.38)	(0.06)	(0.28)	(0.23)	(0.28)	(0.05)	(0.09)	(0.26)	(0.09)
处理	−0.04	−0.15	−0.02	0.10	−0.07	−0.24**	−0.01	−0.02	−0.16	0.02
	(0.07)	(0.34)	(0.06)	(0.23)	(0.08)	(0.10)	(0.06)	(0.07)	(0.23)	(0.08)
交互	0.19**	0.17	0.18**	0.04	0.30	0.98***	0.07	0.21**	0.17	0.18**
	(0.08)	(0.36)	(0.08)	(0.39)	(0.26)	(0.29)	(0.07)	(0.07)	(0.24)	(0.07)
cons	9.73***	3.97***	9.55***	4.44***	0.24***	0.80***	8.85***	7.50***	2.83***	7.63***
	(0.07)	(0.31)	(0.07)	(0.26)	(0.07)	(0.11)	(0.08)	(0.07)	(0.24)	(0.08)
N	2,693	3,530	2,702	3,542	3,558	3,487	2,994	3,173	3,473	3,132
2018年	总支出	耐用品	非耐用品	烟酒	教育	医疗	日常	工作	休闲	外出
年份	0.07	−0.92	0.12	−1.67***	1.84***	4.98***	0.14	0.07	−1.13	−0.04
	(0.12)	(0.62)	(0.12)	(0.55)	(0.42)	(0.45)	(0.20)	(0.16)	(0.78)	(0.16)
处理	−0.01	0.81	−0.09	−0.84*	−0.17	−0.33	−0.02	−0.03	−0.84*	−0.02
	(0.10)	(0.50)	(0.12)	(0.43)	(0.25)	(0.24)	(0.15)	(0.10)	(0.46)	(0.11)
交互	0.18	−0.02	0.37**	1.18	0.13	1.08***	0.33	0.15	0.92	0.15
	(0.13)	(0.62)	(0.15)	(0.69)	(0.43)	(0.46)	(0.22)	(0.14)	(0.70)	(0.15)
cons	9.75***	3.40***	9.63***	5.39***	0.36	0.88***	8.83***	7.61***	3.69***	7.76***
	(0.12)	(0.56)	(0.12)	(0.38)	(0.22)	(0.24)	(0.14)	(0.12)	(0.41)	(0.12)
N	1,709	1,904	1,607	1,905	1,897	1,876	1,757	1,750	1,859	1,724

注：本表内符号的含义与表4-3相同。

表4-7 城乡居民基本养老保险对家庭消费支出的影响（领取家庭）

2013年	总支出	耐用品	非耐用品	烟酒	教育	医疗	日常	工作	休闲	外出
年份	0.35***	-0.21	0.38***	-0.18	1.45***	5.34***	0.37***	0.10	-1.03***	-0.06
	(0.08)	(0.24)	(0.08)	(0.24)	(0.15)	(0.28)	(0.07)	(0.16)	(0.23)	(0.17)
处理	0.02	0.04	0.02	-0.03	-0.02	0.00	-0.02	0.24**	-0.18	0.23**
	(0.05)	(0.14)	(0.05)	(0.20)	(0.05)	(0.06)	(0.06)	(0.11)	(0.21)	(0.11)
交互	-0.00	0.05	0.01	-0.06	0.11	0.68**	0.08	-0.05	0.45**	0.02
	(0.11)	(0.23)	(0.11)	(0.22)	(0.17)	(0.32)	(0.09)	(0.18)	(0.21)	(0.18)
cons	9.19***	2.81***	9.10***	3.61***	0.21***	0.33***	8.51***	5.98***	1.99***	6.14***
	(0.06)	(0.17)	(0.06)	(0.25)	(0.05)	(0.06)	(0.08)	(0.19)	(0.21)	(0.18)
N	4,161	5,516	4,178	5,606	5,567	5,450	4,623	4,956	5,449	4,914
2015年	总支出	耐用品	非耐用品	烟酒	教育	医疗	日常	工作	休闲	外出
年份	0.13	-0.44*	0.15*	-0.59**	0.84***	4.95***	0.19	-0.17	-0.78***	-0.23
	(0.08)	(0.23)	(0.09)	(0.23)	(0.11)	(0.19)	(0.12)	(0.17)	(0.20)	(0.15)
处理	-0.06	0.16	-0.06	0.33*	0.03	-0.15**	-0.06	0.22**	0.01	0.24**
	(0.06)	(0.24)	(0.05)	(0.18)	(0.05)	(0.05)	(0.05)	(0.11)	(0.20)	(0.11)
交互	0.20	0.12	0.20	0.03	0.10	0.64**	0.25*	0.26	0.26	0.23
	(0.12)	(0.28)	(0.12)	(0.20)	(0.15)	(0.27)	(0.13)	(0.17)	(0.23)	(0.15)
cons	9.27***	2.74***	9.18***	3.36***	0.16***	0.44***	8.54***	6.08***	1.86***	6.23***
	(0.04)	(0.19)	(0.04)	(0.20)	(0.04)	(0.08)	(0.06)	(0.17)	(0.17)	(0.16)
N	3,201	4,306	3,211	4,377	4,350	4,244	3,556	3,843	4,260	3,801
2018年	总支出	耐用品	非耐用品	烟酒	教育	医疗	日常	工作	休闲	外出
年份	0.07	-0.78**	0.24*	-0.91**	0.92***	5.60***	0.13	-0.19	-0.38	-0.21
	(0.11)	(0.32)	(0.12)	(0.33)	(0.22)	(0.32)	(0.14)	(0.17)	(0.25)	(0.17)

（续表）

2018年	总支出	耐用品	非耐用品	烟酒	教育	医疗	日常	工作	休闲	外出
处理	-0.02	0.00	-0.01	0.08	-0.06	-0.22*	0.11	0.09	-0.01	0.17
	(0.07)	(0.28)	(0.07)	(0.32)	(0.08)	(0.12)	(0.13)	(0.20)	(0.15)	(0.21)
交互	0.11	-0.05	0.10	0.21	0.25	0.74*	0.08	0.34*	0.09	0.21
	(0.12)	(0.33)	(0.13)	(0.31)	(0.28)	(0.37)	(0.16)	(0.17)	(0.25)	(0.18)
cons	9.26***	2.90***	9.16***	3.61***	0.21**	0.50***	8.43***	6.23***	1.91***	6.33***
	(0.09)	(0.30)	(0.08)	(0.38)	(0.07)	(0.11)	(0.14)	(0.24)	(0.16)	(0.23)
N	2,986	3,462	2,781	3,520	3,485	3,423	3,064	3,135	3,387	3,073

注：本表内符号的含义与表4-3相同。

缴费家庭的消费在参保后显著增加，说明养老保险可能会通过改变参保者预期来影响家庭消费；领取家庭的消费在参保后显著增加，说明养老保险可能会通过养老金收入影响家庭消费。同时，结果也显示缴费家庭的非耐用品消费支出受到养老保险的影响更显著，这可能是以下三个原因导致的。第一，缴费家庭与领取家庭相比，整体年龄更低，预期领取养老金的老年阶段跨时较长，因此家庭消费受预期影响更大。第二，缴费家庭的缴费时间更长，个人账户内积累的养老金财富水平更高，经济个体可预期的养老金收入也相应更高，因此受预期影响更大。第三，从控制变量角度来看，缴费家庭的最高学历水平通常更高，这与缴费家庭受访者年龄更小也是相关联的，家庭人口数更多，收入水平更高，这些因素都会带来更高的消费水平或消费需求，养老保险也更容易发挥促进消费的作用。下文的影响机制检验会更详细地讨论参保行为对家庭消费的作用渠道。

六、稳健性检验

本部分从两个方面来进行稳健性检验：一是检验倾向得分匹配法的匹配效果，包括平衡性检验和共同取值范围检验；二是使用普通DID方法的回归结果与上述基准结果进行对比。需要注意的是，DID方法通常需要进行处理组和控制组在政策实施前的平行趋势检验，以保证该方法的识别假设得到满足。但是，本章使用的CHARLS数据没有包含城乡居民基本养老保险政策实施前的多期数据，无法进行平行趋势检验，因而使用普通DID结果进行稳健性检验。

使用匹配法或倾向得分匹配法时，样本数据需要满足一定的假设要求，以保证匹配结果的可靠性与可信性。首先，匹配法要求处理组与控制组个体匹配后的协变量尽量平衡，即协变量的分布比较均匀。其次，在使用倾向得分匹配法时，应该尽量保证处理组与控制组的倾向得分有较大重叠范围，使处理组与控制组内的个体可以相互匹配，提高匹配质量，这也被称为"重叠假定"。

由于前文使用的被解释变量较多，接下来仅以总消费支出作为被解释变量，以其相关分析结果为代表，进行稳健性检验。匹配后的处理组和控制组家庭的协变量平衡性检验结果如表4-8所示，表中结果为基期（2011年）内处理组和控制组协变量均值之差的t检验结果，列标题的2013年、2015年和2018年表示用于划分处理组和控制组时的不同依据，结果显示匹配后的协变量基本平衡。

前文所使用的PSM-DID方法是在处理组和控制组的倾向得分共同取值范围内进行匹配，如果处于共同取值范围的处理组或控制组个体过少，会损失较多观测值。对于所有回归变量均未缺失的观测值，其倾向得分是否处于共同取值范围的统计结果如表 4-9 所示，可以看到无论是处理组还是控制组，大部分观测值均属于共同取值范围。

表 4-8　平衡性检验

	2013 年 t值	2013 年 p值	2015 年 t值	2015 年 p值	2018 年 t值	2018 年 p值
家庭人口数	1.21	0.24	1.45	0.16	0.52	0.60
是否城镇地区	0.39	0.70	0.81	0.42	0.65	0.52
家庭最高学历	0.91	0.37	0.52	0.61	0.41	0.68
户口性质	0.03	0.98	0.51	0.62	1.28	0.21
是否有配偶	0.23	0.82	0.02	0.98	0.27	0.79
平均性别	0.23	0.82	0.75	0.46	0.38	0.71
平均年龄	0.24	0.81	0.65	0.52	0.49	0.63
总收入	0.06	0.96	0.18	0.86	0.99	0.33
是否有房产	0.81	0.43	0.54	0.59	0.94	0.36
是否有土地	0.18	0.86	0.71	0.49	0.45	0.66

注：2013 年、2015 年和 2018 年表示用于划分处理组和控制组时的不同依据。

表 4-9　共同取值范围检验

共同取值范围	2013 控制组	2013 处理组	2015 控制组	2015 处理组	2018 控制组	2018 处理组
否	2	1	40	3	9	99
是	1076	2816	933	2138	495	2130

注：表中数字为基期相应观测值个数。

接下来使用普通 DID 方法进行稳健性检验,选取 2011 年作为基期,将 2013 年及以后的年份作为处理期,将处理期按照年份进行拆分,分别构造虚拟变量纳入回归方程,以检验城乡居民基本养老保险对家庭消费的影响随时间如何变化,所使用的计量模型如下。

$$C_{it}=\alpha+\beta_1 treat_i+\beta_2 wave2_t+\beta_3 wave3_t+\beta_4 wave2_t\times treat_i+\beta_5 wave3_t\times treat_i+X\gamma+\varepsilon_{it} \quad (4.4)$$

其中,下标 i 和 t 分别表示家庭和时间,$treat$ 为表示是否属于处理组的虚拟变量,在 2011 年未参保而 2013 年和 2015 年均参保的家庭为处理组,2011 年至 2015 年均未参保的家庭为控制组,$wave2$ 和 $wave3$ 分别是 2013 年和 2015 年的虚拟变量,X 表示控制变量,即前文的匹配变量,模型最后一项为随机扰动项。两个交互项的系数即为参保行为对家庭消费的影响,β_4 表示以 2013 年作为时期 1 的结果,β_5 表示以 2015 年作为时期 1 的结果。

需要指出的是,根据基准回归样本的统计数据,自 2013 年至 2018 年,参加城乡居民基本养老保险的家庭越来越多,2011 年至 2018 年均没有参加任何社会养老保险的家庭数量非常少。如果在普通 DID 模型中选取 2011 年未参保而 2013 年至 2018 年均参保的家庭为处理组,2011 年至 2018 年均没有参保的家庭作为控制组,会使控制组样本数量过少,样本代表性较差,因此只将处理期拆分至 2015 年。前文的 PSM-DID 分析使用匹配法对不同个体赋予不同的权重,会在一定程度上降低上述问题的影响。

对模型(4.4)使用最小二乘法进行估计的结果如表 4-10 所示,可以看到总消费支出、非耐用品支出、医疗支出和工作相关支出的回归结果仍然与表4-3的基准回归结果类似,即随着参保时长的增加,养老保险对相应类别消费支出的促进作用变大。耐用品支出和教育支出的变化不显著,也与基准回归结果一致。

综上所述,平衡性检验与共同取值范围检验可以表明本章所使用的PSM-DID方法是有效的,而使用普通DID方法得到的回归结果与表4-3基本一致,可以表明本章得到的结果具有一定的稳健性。

表4-10 DID回归结果

	总支出	耐用品	非耐用品	烟酒	教育	医疗	日常	工作	休闲	外出
处理	-0.09*	0.10	-0.09*	0.31	-0.03	-0.18	-0.15**	0.04	0.09	0.08
	(0.05)	(0.21)	(0.05)	(0.27)	(0.13)	(0.13)	(0.07)	(0.11)	(0.17)	(0.11)
年份2	0.49***	0.41	0.52***	0.20	2.56***	5.59***	0.50***	0.37***	-0.21	0.31**
	(0.05)	(0.28)	(0.05)	(0.24)	(0.25)	(0.22)	(0.07)	(0.13)	(0.23)	(0.13)
年份3	0.42***	0.55***	0.46***	0.13	1.94***	4.95***	0.55***	0.48***	-0.24	0.45***
	(0.08)	(0.18)	(0.07)	(0.26)	(0.24)	(0.23)	(0.08)	(0.13)	(0.18)	(0.13)
交互2	0.09	0.12	0.09	-0.10	-0.10	0.47*	0.18*	0.17	-0.24	0.13
	(0.08)	(0.19)	(0.08)	(0.25)	(0.30)	(0.25)	(0.11)	(0.13)	(0.24)	(0.14)
交互3	0.25**	0.15	0.21**	-0.09	0.16	0.62**	0.21**	0.26*	-0.06	0.19
	(0.09)	(0.20)	(0.09)	(0.25)	(0.27)	(0.23)	(0.09)	(0.13)	(0.19)	(0.13)
cons	9.71***	4.13***	9.60***	2.73***	-0.13	-0.45	9.17***	8.67***	4.96***	8.91***
	(0.23)	(0.78)	(0.21)	(0.97)	(0.53)	(0.40)	(0.15)	(0.36)	(0.43)	(0.34)
N	6371	8115	6399	8144	8150	7995	6883	7523	8040	7458

注:表内回归均控制了省级固定效应,括号内为省份聚类稳健标准误;***、**、*分别表示1%、5%、10%的显著性水平,本表限于篇幅

省略了控制变量的回归结果。年份2和年份3分别表示2013年和2015年的虚拟变量，交互2和交互3分别表示2013年和2015年的虚拟变量与treat变量的交互，cons表示常数项，N表示样本数量。

七、影响机制检验

本部分以前文所述的机制变量作为被解释变量，使用PSM-DID方法进行回归分析，作为影响机制检验，回归结果如表4-11所示。

从整体来看，参加养老保险会显著改变家庭的养老预期及家庭总收入，家庭工作状态和工作意愿的变化不显著。具体来说，参加养老保险后，家庭将养老金视作老年主要生活来源之一的概率显著增加，随着参保时长的增加，此概率增加的幅度也逐渐提高。该概率在参保时间不超过两年的家庭中显著增加6个百分点，在参保时间为6年或7年的家庭中增加12个百分点。这说明城乡居民基本养老保险的实施使家庭对社会保险养老方式的信赖程度与依赖程度增加，也在一定程度上减少了家庭养老的负担。除了主观预期方面，养老金的发放也给家庭带来了实质性的收入增加，养老保险从而可以通过收入刺激家庭消费。

将参保阶段细分为缴费阶段与领取阶段后，养老保险对机制变量的影响存在一定程度的异质性，各机制变量的回归结果如下。第一，家庭总收入。由于缴费阶段不发放养老金，因此可以看到缴费家庭的总收入几乎不受养老保险的影响，也侧面印证了匹配法对收入变量的平衡；处于领取养老金阶段家庭的总收入显著增加。第二，养老预期。可以看到，无论家庭是处于缴费阶段还是领取阶段，参保行为使家庭认为养老金是老年主要生活来源之一的概率显著增加。处于缴费阶段的家庭虽然没有实际领取到养老金，但由于家庭可以预见到未来有稳定的养老金收入，因此会调整养老预期，并根据当前的收入与预期的养老金收入调整消费行为。处于领取阶段的家庭可能对于养老金收入有更直观的感受，因此也可以很快地调整家庭的养老预期。第三，工作意愿。缴费阶段家庭计划一直工作的概率显著下降，而实际领取到养老金的家庭的工作意愿变化不显著。这说明家庭在缴费阶段时，会降低一直工作的意愿。这一方面可能是因为缴费家庭认为未来老年阶段有稳定的养老金收入作为生活来源之一，可以在一定程度上替代劳动收入，产生引致退休效应。另一方面可能是因为缴费阶段家庭的受访者年龄更小且受访时处于工作状态的概率更高，因此可以在预期工作状态的调整上有更大的自由度。第四，工作状态。家庭的实际工作状态在分阶段的子样本内变化不显著，这对于缴费家庭来说可能是因为受访者尚未领取养老金所以不会减少当前劳动供给，对于领取家庭来说可能是因为样本中自 2013 年就开始领取养老金的家庭缴费年限较短，个人账户的养老金财富水平非常低，整体养老金收入水平偏低，从而对劳动供给的替代程度较低。由此也可以推断，个体参加养老保险的时间越早，缴费年限越长，养老保险的引致退休效应可能会越大。

表 4-11 机制分析结果

被解释变量	基准			缴费			领取		
工作状态	2013 年	2015 年	2018 年	2013 年	2015 年	2018 年	2013 年	2015 年	2018 年
年份	−0.04***	−0.06***	−0.15***	−0.03**	−0.04	−0.11	−0.05***	−0.10***	−0.19***
	(0.01)	(0.02)	(0.02)	(0.01)	(0.02)	(0.06)	(0.02)	(0.02)	(0.03)
处理	0.03**	0.07***	0.03	0.03**	0.03*	0.03	0.07**	0.13***	0.06*

续表

工作状态	2013年	2015年	2018年	2013年	2015年	2018年	2013年	2015年	2018年
	(0.02)	(0.02)	(0.02)	(0.01)	(0.02)	(0.03)	(0.03)	(0.03)	(0.03)
交互	0.01	0.01	0.04	0.01	0.01	0.07	0.01	0.02	0.02
	(0.01)	(0.02)	(0.02)	(0.01)	(0.02)	(0.07)	(0.02)	(0.02)	(0.03)
cons	0.78***	0.78***	0.82***	0.92***	0.93***	0.93***	0.63***	0.61***	0.69***
	(0.02)	(0.02)	(0.03)	(0.01)	(0.02)	(0.03)	(0.04)	(0.04)	(0.04)
N	8,985	7,066	6,088	5,336	3,698	1,944	5,990	4,686	3,598
工作意愿	2013年	2015年	2018年	2013年	2015年	2018年	2013年	2015年	2018年
年份	−0.02	−0.08**	−	−0.01	−0.03	−	−0.03	−0.08	−
	(0.03)	(0.04)	−	(0.03)	(0.03)	−	(0.03)	(0.06)	−
处理	0.02	−0.01	−	0.04	0.02	−	0.03	−0.00	−
	(0.02)	(0.02)	−	(0.02)	(0.02)	−	(0.02)	(0.02)	−
交互	0.02	−0.01	−	0.02	−0.07**	−	−0.00	−0.01	−
	(0.03)	(0.03)	−	(0.04)	(0.03)	−	(0.04)	(0.04)	−
cons	0.82***	0.85***	−	0.80***	0.81***	−	0.81***	0.84***	−
	(0.02)	(0.02)	−	(0.03)	(0.03)	−	(0.02)	(0.02)	−
N	6,472	5,111	−	4,239	2,969	−	3,797	2,909	−
养老预期	2013年	2015年	2018年	2013年	2015年	2018年	2013年	2015年	2018年
年份	0.06***	0.08***	0.06*	0.05***	0.06***	0.07	0.06***	0.09***	0.05
	(0.01)	(0.01)	(0.03)	(0.02)	(0.01)	(0.05)	(0.01)	(0.01)	(0.03)
处理	−0.01	0.00	−0.02	−0.01	0.02*	0.00	−0.01	−0.01	−0.01
	(0.01)	(0.01)	(0.01)	(0.01)	(0.01)	(0.02)	(0.01)	(0.01)	(0.01)
交互	0.06***	0.07***	0.12***	0.06***	0.08***	0.09	0.06***	0.07***	0.15***
	(0.01)	(0.02)	(0.04)	(0.02)	(0.02)	(0.06)	(0.02)	(0.02)	(0.04)

（续表）

养老预期	2013年	2015年	2018年	2013年	2015年	2018年	2013年	2015年	2018年
cons	0.05***	0.04***	0.05***	0.06***	0.04***	0.04	0.05***	0.04***	0.05***
	(0.01)	(0.01)	(0.02)	(0.02)	(0.01)	(0.02)	(0.01)	(0.01)	(0.01)
N	9,002	7,076	6,086	5,350	3,702	1,944	6,002	4,690	3,598
家庭总收入	2013年	2015年	2018年	2013年	2015年	2018年	2013年	2015年	2018年
年份	−0.45**	−1.51***	−0.48	−0.77***	−2.23***	−0.30	−0.22	−1.02***	−0.43
	(0.18)	(0.12)	(0.34)	(0.23)	(0.28)	(0.44)	(0.20)	(0.22)	(0.28)
处理	0.08	0.05	0.19	−0.07	−0.02	0.14	0.25*	0.16	0.24
	(0.08)	(0.08)	(0.19)	(0.10)	(0.10)	(0.20)	(0.13)	(0.15)	(0.25)
交互	0.33**	0.89***	0.72**	0.06	0.52*	0.03	0.62***	1.21***	0.91***
	(0.13)	(0.12)	(0.27)	(0.19)	(0.27)	(0.37)	(0.20)	(0.21)	(0.28)
cons	8.34***	8.41***	8.30***	9.17***	9.26***	9.17***	7.58***	7.70***	7.71***
	(0.09)	(0.10)	(0.25)	(0.09)	(0.10)	(0.21)	(0.16)	(0.18)	(0.29)
N	8,567	6,695	5,850	5,148	3,560	1,862	5,656	4,375	3,459

注：2018年问卷未能收集到回答一直工作的受访者，因此工作意愿变量缺失。

八、本章小结

本章以城乡居民基本养老保险的实施为切入点，利用CHARLS数据和PSM-DID方法对家庭新加入养老保险后的消费变化进行了实证分析，结果显示参保行为有利于促进家庭消费。在参保初期，较早得到释放的家庭消费类别是医疗支出与休闲支出。随着参保时长的增加，医疗支出的增加幅度逐渐变大，休闲支出变化不再显著，而外出类支出及工作相关支出的变化由不显著转为显著，且增加幅度逐渐变大。整体非耐用品支出及总消费支出的增加幅度基本一致，均是在参保时长增加后变化显著且变化幅度逐渐递增。

区分空巢家庭与非空巢家庭后，结果显示空巢家庭参保后消费变化的显著性较差，而非空巢家庭有多个消费细项变化显著。非空巢家庭的受访者通常与子女同住，因此教育支出在家庭参保后得到较大幅度释放，非空巢家庭的外出类支出也在参保初期增加显著。根据空巢与非空巢家庭参保后消费变化的异质性，推断中老年个体对自身的消费支出安排可能较为谨慎，而与子女同住时，与子女关联性更大的消费类别可能会受到参保行为的影响而得到释放。

进一步地，将参保阶段细分为缴费阶段与领取阶段，结果显示即使家庭处于缴费阶段没有实际的养老金领取行为，家庭仍然增加了消费支出。家庭进入缴费阶段后，增加了医疗消费支出与外出类支出，医疗支出的增加幅度随着参保时间的延长而递增，而外出类消费的变化不再显著，整体的非耐用品支出会随参保时长增加变得显著增加且增加幅度逐渐变大。领取阶段的总消费支出变化不显著，医疗支出显著增加，休闲支出和日常消费支出仅在领取初期有暂时性的增加，工作相关支出在领取时长超过6年后显著增加。

综合基准回归结果与异质性分析结果，可以看出参保行为对家庭的医疗支出和教育支出（针对非空巢家庭）有持续的刺激作用，这从侧面反映了医疗和教育属于家庭中需求较大的消费类别。根据家庭参保后休闲支出的变化可以推断，休闲类别支出单次消费金额通常较大，偏向于享受型消费，一般不会成为家庭的刚性需求，且中老年个体可能更倾向于跟子女在一起时进行消费。因此，非空巢家庭在参保初期会暂时性增加休闲支出，以参保阶段划分时，家庭仅会在实际领取到养老金的初期暂时性增加休闲支出。兼具工作性质与休闲娱乐性质的工作相关支出对于大部分家庭来说属于更为常规的消费项目，因此家庭工作相关支出在参保时间较长时仍能高于未参保时的水平。

  本章还实证检验了家庭参保行为对消费产生影响的机制。结果显示，养老保险显著改变了家庭的养老预期，无论处于缴费阶段还是领取阶段，家庭预期养老金作为老年阶段主要生活来源之一的概率均显著增加。处于缴费阶段的家庭会显著降低一直工作的意愿，但可能由于尚未领取到养老金且年龄偏低，家庭实际的工作状态没有发生显著变化。处于领取阶段的家庭养老预期显著改变，总收入显著增加。因此，可以推断，城乡居民基本养老保险的实施能够通过改变参保者的养老预期、劳动供给和家庭收入来影响家庭消费。

第五章　参保阶段转换对家庭消费的影响

养老保险的整个参保阶段可以细分为缴费（或工作[1]）阶段和领取阶段，在达到一定的缴费（或工作）年限和年龄条件时，参保者可以定期领取养老金。本章主要研究的是已经参保的家庭从缴费（或工作）阶段转变为领取阶段时，是否会发生消费调整。生命周期假说认为理性消费者会平滑终生消费，因而参保阶段转换不会影响家庭消费。但后续很多国外实证研究的结果显示，参保家庭会在领取养老金后调整消费水平和结构，国内也有许多文献探讨了退休或领取养老金对家庭消费的影响[2]。根据养老保险种类的不同，领取阶段可获取的养老金收入高低会有所差异，关于是否要求参保者退出当前工作的规定也有所差异。因此，本章分别探讨了不同类别养老保险的参保家庭发生该阶段转换时的消费变化，并讨论了参保阶段转换对家庭消费的影响机制。

---

[1] 在机关事业单位养老保险制度改革前，参保者在工作阶段通常不需要自身缴纳保费，在达到退休条件后可领取养老金，这部分参保家庭面对的参保阶段转换为工作阶段到领取阶段。
[2] 国外和国内均存在许多关于家庭退休后或领取养老金后消费变化的研究（Hamermesh, 1984; Banks et al., 1998; Battistin et al., 2009; Aguiar and Hurst, 2005; Aguiar and Hurst, 2007; Aguiar and Hurst, 2013; 张克中和江求川, 2013; 张彬斌和陆万军, 2014; 邹红和喻开志, 2015; 李宏彬等, 2015; 蒋姣和赵昕东, 2020）。

一、计量模型选取

经济个体的消费行为是多种因素共同影响的结果，研究家庭从缴费阶段到领取阶段的转换对消费产生的影响时，很容易受到其他因素的干扰，造成内生性问题，无法准确识别出参保阶段转换的作用大小，而断点回归设计可以有效解决内生性问题。在该框架下，个体是否得到处理取决于驱动变量是否超过某一外生的临界值，也就是所谓的断点，其左右两侧非常小的邻域内的个体差异可以被视作处理变量的因果效应；根据断点附近个体得到处理的概率是否由 0 完全变为 1，可以分为精确和模糊断点回归两种方法[①]。

在本章的研究主题下，处理变量为家庭从缴费（或工作）阶段到领取阶段的转换。对于机关事业单位养老保险以及城镇职工基本养老保险的参保者，可以将法定退休年龄区分为：50 周岁（女工人）、55 周岁（女干部）和 60 周岁（男性）[②]。城乡居民基本养老保险的参保者，无论男性还是女性，在满足一定的缴费时长及年满 60 周岁的条件下，可领取养老金。

可以看出，根据上述养老保险制度规定，经济个体从缴费（或工作）阶段转换到领取阶段存在一个明显的年龄断点。需要注意的是，办理退休手续，除达到法定年龄退休的形式之外，还存在其他灵活退休方式（如内退或提前退休）。对于城乡居民基本养老保险的参保者，基层经办机构在办理领取手续或实际发放养老金时可能存在集中在年末或月末发放

---

① 关于断点回归方法的详细介绍可参见 Imbens and Lemieux（2008）和 Lee and Lemieux（2010）。
② 详细内容可参见《中华人民共和国劳动保险条例》《国家机关工作人员退职处理暂行办法》《国务院关于工人、职员退休处理的暂行规定》《国务院关于工人退休、退职的暂行办法》和《国家公务员暂行条例》等文件。

的现象（张川川等，2015），使得领取年龄没有精确地以60周岁为界限。

因此，年龄断点附近个体的退休概率或领取概率不完全是由0跳跃到1，模糊断点回归设计更适用于中国当前的退休政策和领取政策。针对本章的研究主题，经济个体要么处于退休或领取状态（$R_i=1$），要么处于非领取状态（$R_i=0$），只有其中一类状态可被观测到。假定同一个体在两个状态下对应的消费分别为C_{1i}和C_{0i}，则其可被观测到的消费为：

$$C_i = C_{1i}R_i + C_{0i}(1-R_i) = (C_{1i} - C_{0i})R_i + C_{0i} \quad (5.1)$$

以R_i为处理变量，以户主退休状态代表家庭状态，则年龄在60岁附近的家庭的平均处理效应即为参保阶段转换带来的因果效应[①]：

$$E(C_{1i} - C_{0i}|Age_i = 60) = \frac{\lim\limits_{Age_i \downarrow 60} E(C_i|Age_i) - \lim\limits_{Age_i \uparrow 60} E(C_i|Age_i)}{\lim\limits_{Age_i \downarrow 60} E(R_i|Age_i) - \lim\limits_{Age_i \uparrow 60} E(R_i|Age_i)} \quad (5.2)$$

本章使用非参数方法对该式进行估计。哈恩等（Hahn et al., 2001）证明，在一定假设前提下，模糊断点回归得到的实质是政策依从者的平均处理效应。为了使断点回归估计结果的适用范围更广，应该保证研究样本中大部分个体是政策依从者，即达到法定年龄才退休的个体（雷晓燕等，2010）。

二、数据与变量处理

（一）数据来源与样本筛选

本章所使用的数据仍然是CHARLS数据，同时使用2011年、2013年、2015年和2018年的调查数据。不同种类养老保险参保者的参保阶段转换有所差异，在后续的分析中，将机关事业单位养老保险与城镇职工基

[①] 详细介绍可参见《高级计量经济学及Stata应用（第二版）》。

本养老保险参保者的参保阶段转换视为一类，即通过办理退休手续定期领取养老金，从事受雇工作的参保者通常需要离开当前工作岗位，可领取的养老金水平一般较高；将城乡居民基本养老保险参保者的参保阶段转换视为另一类，即满足领取条件后即可定期领取养老金，与当前工作岗位无直接联系，养老金水平一般较低。针对两类转换过程，具体的样本筛选标准也有所不同。

为区分不同类别养老保险的参保阶段转换对家庭消费造成的影响，后续分析将机关事业单位养老保险或城镇职工基本养老保险参保家庭的阶段转换简称为"退休行为"，将城乡居民基本养老保险参保家庭的阶段转换简称为"领取行为"，在各类表格和图表中也做了相应区分。

1. 机关事业单位养老保险与城镇职工基本养老保险参保者

第一，根据中国相关退休政策，选取可能受到强制退休政策覆盖的群体，即已经办理退休手续或者正在工作[①]的个体。第二，由于男性强制退休年龄大于女性，且仅有60岁一个年龄规定，因此本书选取男性受访者作为户主，以男性户主退休状态和其他人口学特征作为家庭特征。第三，根据断点回归设计的特点，如果选取群体过于宽泛可能导致识别不够精确，因此需要选取断点附近的样本，限制户主年龄区间为50岁到70岁。由于调查数据是访问时间点过去一年内的各类信息，接受访问时年龄恰好为60岁的个体所回答内容可能同时混杂了退休前与退休后两个时期的信息。因此，参考李宏彬等（2015）与张彬斌和陆万军（2014）的样本处理方法，剔除了年龄恰好为60岁的户主。第四，剔除人口学背景变量缺失和退休手续办理状态缺失的观测值。经过上述筛选过程，

[①] 本章所选取的工作群体是指有非农受雇工作的群体。

得到的初始样本数量为9375，退休家庭与工作家庭的数量分别为3024和6351。

断点回归设计本质上是评估退休行为给家庭消费带来的因果效应，退休群体与非退休群体应该具有可比性，即除了退休行为之外的其他特征应该相似，如果两个群体存在结构性差异，断点回归设计所得到的结果仍然有可能混杂该差异，造成有偏的结果或者降低估计效率。因此，需要对已办理退休手续的男性户主相关特征进行分析，并在对应的工作群体内筛选与之类似的样本，以减少分析偏误，提高估计效率。根据退休制度特点，退休手续的办理与个体所在工作单位的类型以及所参加养老保险的种类紧密联系。单位性质、编制性质和保险性质会直接影响到个体的工资水平以及可领取的退休金或养老金数额，并可能进一步影响到消费行为。为了得到较为准确的识别结果，已办理退休手续和未办理退休手续个体的单位性质等特征应该相似，也就是说两类个体的单位性质等特征理论上不应该受退休行为的影响。因此，如果退休个体与工作个体的单位性质存在结构差异，直接对退休个体与工作个体进行分析可能使结果存在偏差或者降低估计效率。图5-1所示为初始样本内退休男性户主与工作男性户主的单位性质分布情况。

首先，将工作单位性质区分为机关事业单位、企业单位和其他性质单位。其次，将机关事业单位的个体区分为正式编制与非正式编制员工，将企业单位的个体区分为国有或集体企业员工与其他性质企业员工。从单位性质来看，37.19%的退休个体单位性质缺失，剩余信息未缺失个体的单位性质几乎集中为机关事业单位与企业单位，占信息未缺失个体的93.9%；工作个体的单位性质缺失较少，但有超过56%的工作个体在其他类型单位工作。从机关事业单位内部看，大部分信息未缺失的退休个体为正式编制员工，占信息未缺失个体的93.86%；工作个体中，45.44%的人回答自己是非正式编制员工。从企业单位内部看，大部分信息未缺失的退休个体为国有或集体企业的员工，占信息未缺失个体的93.83%；工作个体中，63.62%的人回答自己的工作单位性质为其他类型。总体来看，根据可获取的退休个体与工作个体单位性质信息，退休个体主要是机关事业单位的正式编制员工与国有或集体企业员工，工作个体的单位性质与编制性质更分散。根据政策特点，机关事业单位和国有集体企业单位在强制退休制度的执行上更为严格和规范（邹红，2015），可以保证样本中有较高比例的依从者。

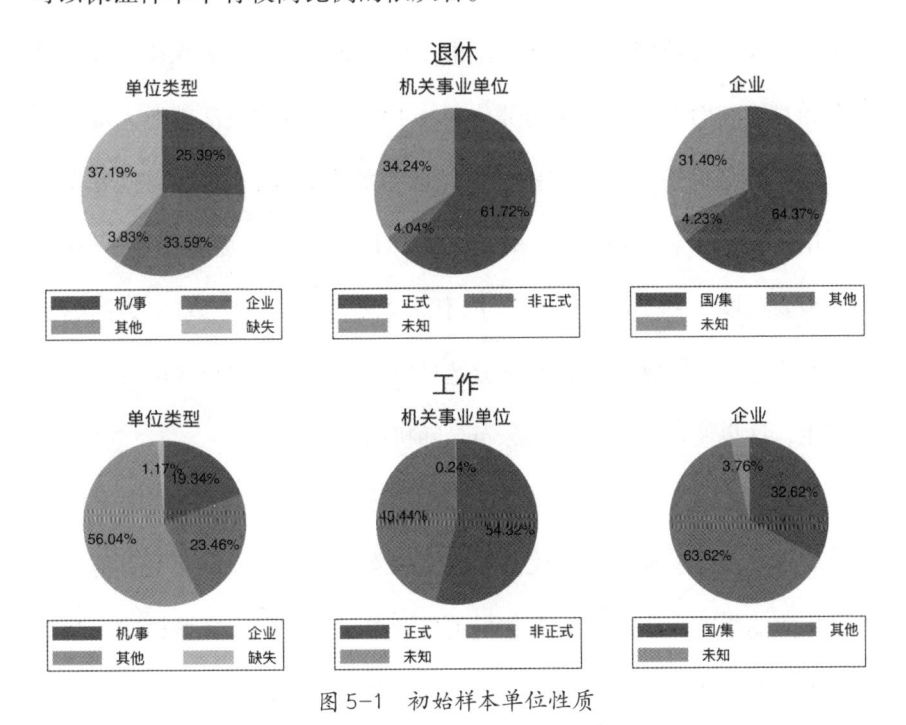

图 5-1 初始样本单位性质

注：图中第一行为退休个体的单位性质，第二行为工作个体的单位性质。

将养老保险类型纳入分析后，80.6%的退休个体回答参加机关事业单位养老保险或企业职工基本养老保险，工作个体的相应比例仅为18.08%。因此，为了保证退休个体与工作个体尽量可比且样本中有较高比例的依从者，进一步将男性户主限制为机关事业单位的正式编制员工与国有或集体企业员工，且限制其参加机关事业单位养老保险或企业职工基本养老保险。最终得到的样本数量为1670，退休家庭与工作家庭的数量分别为987和683[①]。

2.城乡居民基本养老保险参保者

城乡居民基本养老保险的参保群体主要是非机关事业单位工作人员且未被城镇职工基本养老保险所覆盖的人群，这类人群通常是无正式受雇工作的农村或城市居民，或者是由于城镇职工基本养老保险的养老保险费相对较高而不愿意参保的部分个体工商户或其他灵活就业人员。

该类养老保险政策规定的法定领取年龄为60周岁，对男性和女性均适用。年龄是与参保的个人相关联的，而消费是以家庭为单位进行的，因此需要选取一名受访者作为户主，代表家庭年龄以及家庭的参保状态。为体现户主选取的随机性，本部分选择家庭内个人编码更小的受访者作为户主，这也使得户主的性别分布是随机的。

户主年龄限制在50—70周岁，并扣除年龄恰好等于60周岁的户主，要求户主已参加城乡居民基本养老保险。此外，为避免受其他类别养老保险的影响，剔除含有参加机关事业单位养老保险或城镇职工基本养老保险的受访者的家庭。进一步剔除控制变量存在缺失的户主，最终

[①] 最终样本内男性户主的预期老年生活来源为养老金或退休金的比例为93.29%，该比例在退休家庭与工作家庭内分别为94.43%和91.65%，这说明在预期老年生活来源部分退休家庭与工作家庭也非常相似。

得到的家庭数量为13593，缴费家庭和领取家庭的数量分别是7376和6217。

（二）变量设定与描述性统计

本部分所使用的主要变量定义如下。

1. 被解释变量：本章对于家庭消费支出的分类，与第四章的定义相同，对消费支出水平进行了对数处理。由于耐用品支出金额较大且消费频率低，本章主要研究的是退休冲击造成的短期消费波动，不适合耐用品消费的分析，因此本章主要关注家庭非耐用品支出[①]。除各类消费支出绝对水平外，本章还分析了每一类非耐用品支出占总非耐用品支出比例的变动情况[②]。

2. 核心处理变量：家庭参保阶段。本部分仅使用已参保的家庭作为分析对象，将家庭参保阶段区分为缴费阶段和领取阶段，分析参保阶段的转换对家庭消费的影响。所使用的方法为断点回归设计，以年龄变量为驱动变量，使用户主的年龄代表家庭年龄。同样地，使用户主的参保阶段代表家庭的参保阶段。

需要注意的是，对于参加城乡居民基本养老保险的家庭，这样做可能存在户主处于缴费阶段但户主的配偶处于领取阶段，使得整个家庭仍然有养老金收入。这样的家庭数量为668，仅占样本家庭的5%。为了尽量使户主年龄保持连续，样本中保留这些家庭。

3. 控制变量。对于需要办理退休手续的家庭，由于选取了男性作为户主，因此使用男性户主的变量值代表家庭状况。而对于参加城乡居民

[①] 第五章使用耐用品消费作为被解释变量的回归结果不稳健，受带宽影响大，因此略去相关结果。
[②] 第四章的被解释变量只有各类消费支出绝对水平，一是由于篇幅所限，二是由于消费比例在第四章的回归结果显著性较差，因此略去相关分析。

基本养老保险的家庭，由于户主是随机选取的，为了更充分地利用所有受访者的信息，采取类似第四章的做法，使用相应变量的家庭平均值代表家庭状况。具体来说，控制变量包括家庭人口数、是否城镇地区（城镇地区=1）、受访者婚姻状况（有配偶=1）、性别（女性=1）、户口性质（农业户口=1，非农业户口=2）、最高学历（或所有受访者中的最大值）以及年份虚拟变量。

4. 机制变量。与第四章相同，即家庭总收入、家庭工作状态、工作意愿，以及是否将养老金作为预期老年生活来源四个机制变量，在回归分析中对家庭总收入进行了对数处理。需要注意的是，下文在分析退休行为对家庭消费的影响机制时，没有分析家庭工作意愿的变化，这主要是因为参保者办理退休手续后需要离开当前工作岗位，参保者通常也会退出劳动力市场，而这一行为与工作意愿的关联性较弱。同时，进入退休行为分析的样本数量较少，而2018年问卷未能收集到回答"一直工作"的受访者，将工作意愿作为机制变量进行分析会进一步缩减样本，影响最终估计结果。因此，下文没有将工作意愿作为退休行为对家庭消费影响的机制变量。

退休行为和领取行为样本的描述性统计分别如表5-1和表5-2所示。

表5-1 退休行为样本的描述性统计

	变量	符号	退休家庭 均值	退休家庭 标准差	工作家庭 均值	工作家庭 标准差
消费支出	总支出	exp	43224.48	42428.55	56712.31	59213.05
	非耐用品	nondu	39684.62	39737.81	50543.87	48440.52
	烟酒	cig	2480.59	5826.11	3166.11	6813.09

(续表)

变量		符号	退休家庭 均值	退休家庭 标准差	工作家庭 均值	工作家庭 标准差
	教育	edu	1403.79	10449.18	2943.46	18094.75
	医疗	medi	4963.56	21915.43	3592.94	13570.44
	日常	daily	21183.49	14674.21	21829.26	18282.89
	工作	work	6179.63	9907.71	12967.19	19361.85
	休闲	lei	5407.4	12486.4	10163.32	23155.29
	外出	w&l	9039.57	13835.89	17376.59	27541.8
消费比例	烟酒	cig_p	0.06	0.1	0.07	0.11
	教育	edu_p	0.02	0.07	0.04	0.11
	医疗	medi_p	0.09	0.15	0.07	0.12
	日常	daily_p	0.59	0.2	0.51	0.21
	工作	work_p	0.14	0.13	0.23	0.16
	休闲	lei_p	0.1	0.14	0.14	0.18
	外出	w&l_p	0.2	0.16	0.3	0.19
控制变量	家庭人口数	pop	2.73	1.29	2.64	1.13
	是否城镇地区	urban	0.91	0.29	0.78	0.41
	家庭最高学历	e_level	2.41	0.84	2.99	0.82
	男户主的户口性质	hukou	1.96	0.2	1.86	0.34
	是否有配偶	spouse	0.95	0.22	0.98	0.13
机制变量	是否有工作	job	0.24	0.43	0.99	0.09
	养老预期	rely	0.95	0.21	0.93	0.26
	总收入	income	58418.59	69486.75	72298.77	68672.33

注：总收入指的是家庭总收入，既包含养老金收入也包含非养老金收入。消费支出以2011年居民消费价格指数为基期进行调整，价格指

数来源于《中国统计年鉴》。最高学历取值为1到4，分别代表小学以下、小学或初中、高中或中专和大专及以上。农业户口取值为1，非农业户口取值为2。有配偶取值为1，否则取值为0。

表5-2 领取行为样本的描述性统计

变量		符号	领取家庭 均值	领取家庭 标准差	缴费家庭 均值	缴费家庭 标准差
消费支出	总支出	exp	26969.06	44017.00	35526.80	61012.83
	非耐用品	nondu	25443.41	40003.73	31862.06	52897.76
	烟酒	cig	1826.03	4667.57	2576.38	6720.14
	教育	edu	926.88	3366.65	1178.50	3803.51
	医疗	medi	4421.65	14139.92	4367.54	17206.18
	日常	daily	13942.19	18956.66	17227.01	39271.43
	工作	work	3515.82	25163.44	4894.45	10152.15
	休闲	lei	1373.62	7545.37	2147.32	11807.57
	外出	w&l	3827.62	25717.75	5536.60	14089.25
消费比例	烟酒	cig_p	0.08	0.12	0.09	0.12
	教育	edu_p	0.02	0.08	0.03	0.10
	医疗	medi_p	0.15	0.20	0.11	0.17
	日常	daily_p	0.60	0.23	0.57	0.22
	工作	work_p	0.12	0.13	0.16	0.14
	休闲	lei_p	0.03	0.10	0.05	0.11
	外出	w&l_p	0.13	0.14	0.17	0.15

(续表)

变量		符号	领取家庭		缴费家庭	
			均值	标准差	均值	标准差
控制变量	家庭人口数	pop	2.74	1.49	2.98	1.47
	是否城镇地区	urban	0.27	0.44	0.26	0.44
	家庭最高学历	e_level	1.64	0.62	1.95	0.66
	平均户口性质	hukou	1.08	0.25	1.06	0.22
	是否有配偶	spouse	0.75	0.43	0.89	0.31
	平均性别	female	0.54	0.26	0.52	0.19
机制变量	是否有工作	job	0.69	0.46	0.81	0.39
	工作意愿	plan	0.78	0.41	0.79	0.40
	养老预期	rely	0.19	0.39	0.13	0.34
	总收入	income	19474.34	79432.09	26512.26	91302.18

注：本表内符号的含义与表 5-1 相同。

三、基准实证结果

图 5-2 为户主年龄与退休率的关系，横轴为户主年龄，纵轴为对应年龄的退休率或领取率。可以看到，退休行为样本家庭从 59 岁到 60 岁的退休率出现跳跃，由 37.35% 跳跃至 93.33%，而 61 岁的退休率高达 98.63%。同样地，领取行为样本家庭在 59 岁、60 岁、61 岁的领取率分别是 7.71%、48.86% 和 85%，领取率同样出现跳跃。因此，本部分选取断点回归分析方法是适用的。

图 5-2 户主年龄与退休率

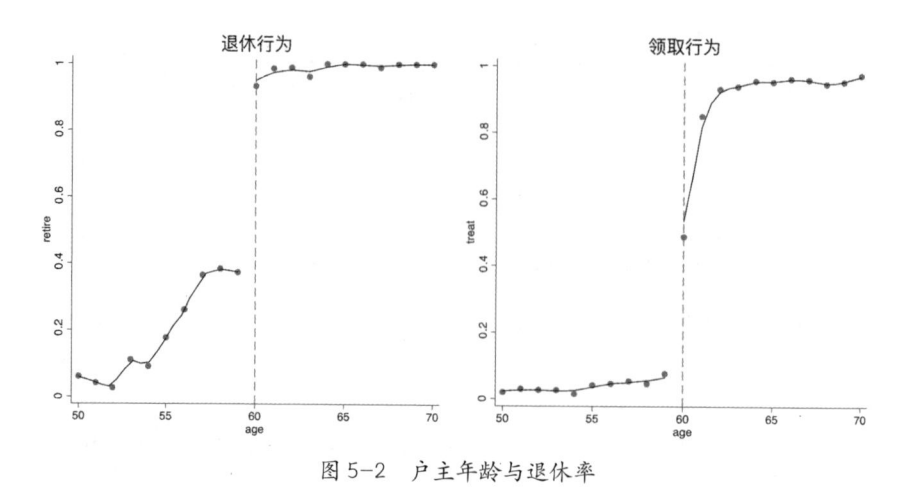

注：退休行为样本内的户主年龄指的是男性户主的年龄，领取行为样本内的户主年龄指的是随机选取的户主的年龄。

数据来源：根据CHARLS数据计算所得。

表5-3为退休行为对家庭消费影响的基准断点回归结果。可以看到，总消费支出的下降不显著，非耐用品总支出显著下降，下降比例约为33.65%[①]，不同细分类别的非耐用品支出变化差异较大。从变化方向来看，休闲支出与教育支出在家庭退休后显著下降，医疗支出在家庭退休后显著增加，其他类别支出变化不显著。从变化幅度来看，家庭日常支出和工作相关支出的变化幅度较小且不显著，休闲、医疗、教育和烟酒支出的变化幅度相对较大，休闲支出和教育支出均显著下降一半左右。从消费比例来看，各类支出占非耐用品支出比例的变化方向与相应支出水平的变化方向不完全一致，其中休闲支出占比显著降低约14个百分点，教育和烟酒支出占比下降但不显著，其他类别支出占比增加但不显著。

---

① 变化率 r 的计算公式为：$r=e^b-1$，其中 b 为处理变量的系数估计值。

表 5-4 为领取行为对家庭消费影响的基准断点回归结果。整体来看，家庭领取养老金后的总消费和非耐用品消费没有显著变化，仅烟酒支出显著下降，其他类别支出变化不显著。从变化幅度来看，烟酒支出显著下降一半左右，医疗支出系数较大但不显著，其他支出类别系数相对较小且不显著。从消费占比来看，各类消费占比均没有显著变化。

对比表 5-3 和表 5-4 可以看出，退休行为造成的家庭消费波动更明显，家庭退休后的整体非耐用品支出显著减少，而参加城乡居民基本养老保险的家庭从缴费阶段向领取阶段转换时，消费支出基本能够保持平滑。具体到各个消费细类，无论是退休行为还是领取行为样本的回归结果均显示，家庭日常支出的回归系数估计值最小且不显著，这说明家庭日常支出相对稳定，不易受到退休行为或领取行为的影响。工作相关支出、休闲支出以及合并这两项的外出类支出的系数估计值在表 5-3 和表 5-4 中均为负值，其中退休行为对家庭休闲支出的负向影响显著。这说明退休行为会导致家庭压缩休闲娱乐消费，这可能是因为家庭的预防性储蓄动机或利他动机的重要程度在退休后增加，例如为了子女的婚嫁费用或可能发生的医疗费用而减少非必需的娱乐享受消费。另外，退休后的闲暇时间增加，个体可能会选择花费更多时间将休闲娱乐活动转换为"家庭生产"，从而减少了货币支出。

表 5-3　退休行为对家庭消费影响的基准断点回归结果

消费支出	(1) 总支出	(2) 非耐用品	(3) 日常	(4) 工作	(5) 休闲	(6) 外出	(7) 医疗	(8) 教育	(9) 烟酒
Z	0.80***	0.67***	0.71***	0.67***	0.76***	0.68***	0.66***	0.75***	0.80***
	(0.16)	(0.10)	(0.14)	(0.12)	(0.14)	(0.13)	(0.12)	(0.22)	(0.18)
D	−0.41	−0.75**	−0.33	−0.89	−6.41**	−1.37	3.33*	−5.23**	−1.94

（续表）

消费支出	(1)总支出	(2)非耐用品	(3)日常	(4)工作	(5)休闲	(6)外出	(7)医疗	(8)教育	(9)烟酒
	(0.64)	(0.35)	(0.80)	(0.99)	(3.15)	(0.95)	(2.02)	(2.53)	(6.15)
h	2.58	3.34	2.74	2.84	2.34	2.75	2.79	1.68	1.95
b	4.15	5.79	4.37	5.61	5.41	5.49	5.86	4.36	4.20
N	1341	1292	1415	1492	1555	1459	1595	1618	1615

消费比例	—	—	(10)	(11)	(12)	(13)	(14)	(15)	(16)
	—	—	日常	工作	休闲	外出	医疗	教育	烟酒
Z	—	—	0.67***	0.83***	0.86***	0.83***	0.85***	0.90***	0.74***
	—	—	(0.10)	(0.15)	(0.16)	(0.15)	(0.16)	(0.20)	(0.13)
D	—	—	0.08	0.02	−0.14*	−0.03	0.12	−0.03	−0.00
	—	—	(0.19)	(0.21)	(0.09)	(0.21)	(0.16)	(0.05)	(0.14)
h	—	—	3.54	2.28	2.22	2.31	2.23	1.88	2.64
b	—	—	5.75	4.91	4.33	4.87	4.48	4.16	4.93
N	—	—	1292	1292	1292	1292	1292	1292	1292

注：括号内为省份聚类稳健标准误；***、**、*分别表示1%、5%、10%的显著性水平；Z为第一阶段回归结果；D为处理变量"是否退休"的回归结果，回归系数为偏差调整后的系数，标准误为稳健标准误；h和b分别表示用于计算断点估计量和偏差估计量的最优带宽，最优带宽的选择方法为最优均方误差法；模型所用核函数为三角核；N为样本量；控制变量包括前述人口学变量与访问年份虚拟变量。

表5-4 领取行为对家庭消费影响的基准断点回归结果

消费支出	(1)总支出	(2)非耐用品	(3)日常	(4)工作	(5)休闲	(6)外出	(7)医疗	(8)教育	(9)烟酒
Z	0.54***	0.55***	0.63***	0.59***	0.55***	0.59***	0.49***	0.55***	0.54***
	(0.06)	(0.06)	(0.04)	(0.04)	(0.05)	(0.04)	(0.10)	(0.05)	(0.05)

(续表)

消费支出	(1)总支出	(2)非耐用品	(3)日常	(4)工作	(5)休闲	(6)外出	(7)医疗	(8)教育	(9)烟酒
D	−0.12	0.14	0.16	−0.46	−0.73	−0.54	1.34	0.45	−2.21*
	(0.24)	(0.26)	(0.20)	(0.38)	(0.66)	(0.36)	(1.36)	(0.58)	(1.23)
h	2.56	2.54	3.47	3.06	2.87	2.91	2.05	3.24	2.77
b	4.72	4.46	5.83	5.69	5.22	5.56	3.94	5.36	5.32
N	10755	10153	10972	11956	12883	11842	12822	13077	13065

消费比例	—	—	(10)日常	(11)工作	(12)休闲	(13)外出	(14)医疗	(15)教育	(16)烟酒
Z	—	—	0.53***	0.55***	0.61***	0.58***	0.52***	0.55***	0.59***
	—	—	(0.08)	(0.06)	(0.05)	(0.05)	(0.12)	(0.07)	(0.05)
D	—	—	0.09	0.03	−0.04	−0.01	0.00	0.02	−0.07
	—	—	(0.12)	(0.05)	(0.02)	(0.04)	(0.11)	(0.03)	(0.04)
h	—	—	2.20	2.49	3.06	2.66	2.02	2.43	2.75
b	—	—	3.92	4.50	5.17	4.97	3.33	4.44	5.07
N	—	—	10150	10150	10150	10150	10150	10150	10150

注：本表的符号含义与表5-3相同。

医疗支出的系数估计值在两个表内均为正值，其中退休行为对家庭医疗支出的正向影响显著。这可能是因为退休后个体的健康意识和健康需求增强，此外根据雷晓燕等（2010）的相关估计结果，退休后男性健康水平降低，从而可能导致家庭医疗支出大幅上升。退休行为导致家庭的教育支出显著下降，而领取行为对教育支出影响不显著且系数为正。户主退休后，其工作培训费等支出可能会大幅降低，因而造成教育支出显著下降；而从描述性统计表格中可以看出，城乡居民基本养老保险参保家庭的教育支出水平相对更低，家庭从事农业工作的比例也较高，这些家庭的教育支出可能主要是子女的学杂费用，因此受参保阶段影响不大。烟酒支出的系数估计值在两个样本内均为负值，其中领取行为对烟酒支出的负向影响显著。领取养老金后家庭烟酒支出的减少一方面可能是因为受访者健康水平下降，另一方面可能是因为领取养老金的行为作为一个时间节点，有助于家庭提高健康意识。

与办理退休手续的家庭相比，参保阶段的转换对城乡居民基本养老保险参保家庭的影响较小。这可能是因为这两类参保家庭中受访者的工作性质、家庭收入和可获取的养老金水平等方面的差异较大，使得城乡居民基本养老保险参保家庭的整体消费水平更低，在消费行为的调整上受影响更小。下文将会进一步展开异质性分析和机制分析。

四、异质性分析

本章的异质性分析仍然将样本区分为空巢家庭与非空巢家庭，这有助于识别养老保险对中老年个体消费行为的影响。机关事业单位养老保险与城镇职工基本养老保险参保家庭样本中，空巢家庭与非空巢家庭的数量分别是978和692。城乡居民基本养老保险参保家庭样本中，空巢家庭与非空巢家庭的数量分别是6885和6708。表5-5和表5-6分别是退休行为样本空巢家庭和非空巢家庭的断点回归结果，表5-7和表5-8是领取行为样本相应的回归结果。

对比两类参保阶段转换对空巢家庭消费的影响可以看出，退休行为使空巢家庭总支出和非耐用品支出显著下降，下降比例分别为63.2%和59.68%；而领取行为对空巢家庭总支出和非耐用品支出没有显著影响。空巢家庭日常支出仍然不受退休行为或领取行为的影响，这与基准回归结果一致。空巢家庭的工作相关支出、休闲支出以及合并前两项的外出类支出受退休行为的影响而显著下降,但是领取行为对其没有产生显著影响。医疗支出的回归系数估计值在两类参保阶段转换样本中均为正,其中领取行为对空巢家庭医疗支出的正向影响显著。无论是退休行为还是领取行为样本中,空巢家庭的教育支出和烟酒支出变化均不显著。

对比两类参保阶段转换对非空巢家庭消费的影响可以看出,退休行为对非空巢家庭总支出和非耐用品支出没有显著影响;而领取行为使非空巢家庭总支出和非耐用品支出显著下降,下降比例分别为73.39%和60.8%。非空巢家庭日常支出仍然不受退休行为或领取行为的影响,这也与基准回归结果一致。领取行为使非空巢家庭休闲支出大幅度显著下降,而退休行为对应的回归系数估计值为正且不显著。工作相关支出及总体外出类支出系数估计值均为负值且不显著,教育支出变化也不显著。非空巢家庭的烟酒支出受退休行为影响不显著,受领取行为影响而显著下降。

综上,对于同一类别家庭,不同类别的参保阶段转换对消费的影响有较大异质性;而对于同一类别的参保阶段转换,空巢家庭和非空巢家庭的消费变化也呈现明显的异质性。根据退休行为样本的回归结果,可以看出空巢家庭退休后的消费变化更加显著,而非空巢家庭的消费变化不显著。相反地,领取行为样本的回归结果显示,空巢家庭领取养老金后的消费变化不明显,而非空巢家庭的消费变化更加显著,这可能是由以下几个原因造成的。

表 5-5　退休行为样本空巢家庭断点回归结果

消费支出	(1) 总支出	(2) 非耐用品	(3) 日常	(4) 工作	(5) 休闲	(6) 外出	(7) 医疗	(8) 教育	(9) 烟酒
Z	0.66***	0.71***	0.74***	0.81***	1.72***	0.85***	0.71***	0.82***	1.23***
	(0.15)	(0.15)	(0.15)	(0.19)	(0.57)	(0.20)	(0.13)	(0.15)	(0.25)
D	−1.00**	−0.91*	−0.35	−1.95**	−19.55**	−2.73***	1.62	−0.60	3.30
	(0.47)	(0.48)	(0.72)	(0.78)	(7.99)	(0.83)	(2.14)	(1.91)	(5.09)
h	2.82	2.71	2.79	2.31	1.33	2.25	2.91	2.44	1.71
b	5.40	5.33	4.90	4.53	3.31	4.32	5.59	5.00	4.09
N	802	771	827	895	930	883	941	953	949
消费比例	−	−	(10) 日常	(11) 工作	(12) 休闲	(13) 外出	(14) 医疗	(15) 教育	(16) 烟酒
	−	−							
Z	−	−	0.73***	1.08***	0.98***	1.20***	1.01***	1.09***	1.16***
	−	−	(0.15)	(0.21)	(0.19)	(0.24)	(0.20)	(0.21)	(0.23)
D	−	−	0.13	−0.24**	−0.30***	−0.40***	0.10	0.04	0.20
	−	−	(0.22)	(0.10)	(0.12)	(0.13)	(0.18)	(0.06)	(0.21)
h	−	−	2.62	1.90	2.05	1.79	2.01	1.92	1.81
b	−	−	5.54	4.40	4.14	3.84	4.19	3.96	4.18
N	−	−	771	771	771	771	771	771	771

注：本表的符号含义与表 5-3 相同。

表 5-6　退休行为样本非空巢家庭断点回归结果

消费支出	(1) 总支出	(2) 非耐用品	(3) 日常	(4) 工作	(5) 休闲	(6) 外出	(7) 医疗	(8) 教育	(9) 烟酒
Z	0.50***	0.51***	0.45**	0.60***	0.56***	0.56***	0.57***	0.51***	0.59***
	(0.15)	(0.16)	(0.18)	(0.19)	(0.18)	(0.17)	(0.20)	(0.18)	(0.20)
D	0.15	−0.05	0.11	−0.76	0.62	−0.86	8.46	−3.62	−3.51
	(1.07)	(0.75)	(1.25)	(1.63)	(5.31)	(1.46)	(5.21)	(4.47)	(5.80)
h	4.23	4.52	3.62	3.29	3.37	3.98	2.57	2.99	2.62

（续表）

消费支出	(1)总支出	(2)非耐用品	(3)日常	(4)工作	(5)休闲	(6)外出	(7)医疗	(8)教育	(9)烟酒
b	6.59	6.97	5.99	5.75	6.53	6.65	6.06	5.92	5.30
N	539	521	588	597	625	576	654	665	666

消费比例			(10)日常	(11)工作	(12)休闲	(13)外出	(14)医疗	(15)教育	(16)烟酒
Z	—	—	0.48***	0.48***	0.49***	0.47***	0.57***	0.54***	0.49***
	—	—	(0.16)	(0.16)	(0.17)	(0.16)	(0.22)	(0.18)	(0.17)
D	—	—	−0.20	0.13	−0.03	0.18	0.25	−0.09	−0.17
	—	—	(0.37)	(0.37)	(0.16)	(0.38)	(0.20)	(0.08)	(0.15)
h	—	—	3.87	3.45	3.19	3.51	2.70	2.92	3.31
b	—	—	6.36	7.03	6.47	7.03	5.73	7.05	6.07
N	—	—	521	521	521	521	521	521	521

注：本表的符号含义与表5-3相同。

表5-7 领取行为样本空巢家庭断点回归结果

消费支出	(1)总支出	(2)非耐用品	(3)日常	(4)工作	(5)休闲	(6)外出	(7)医疗	(8)教育	(9)烟酒
Z	0.75***	0.75***	0.70***	0.71***	0.69***	0.72***	0.66***	0.65***	0.62***
	(0.06)	(0.07)	(0.07)	(0.06)	(0.06)	(0.07)	(0.07)	(0.07)	(0.09)
D	0.12	0.17	0.27	−0.40	0.18	−0.36	1.87**	0.36	−0.34
	(0.28)	(0.30)	(0.29)	(0.50)	(0.70)	(0.54)	(0.75)	(0.54)	(1.64)
h	3.10	2.89	2.82	3.03	2.99	2.77	2.72	3.05	2.71
b	5.90	5.27	5.05	6.16	6.01	5.74	5.42	5.29	4.84
N	5636	5396	5665	6333	6693	6302	6611	6761	6703

消费比例			(10)日常	(11)工作	(12)休闲	(13)外出	(14)医疗	(15)教育	(16)烟酒
Z	—	—	0.72***	0.72***	0.72***	0.72***	0.71***	0.73***	0.75***

（续表）

消费比例	-	-	(10) 日常	(11) 工作	(12) 休闲	(13) 外出	(14) 医疗	(15) 教育	(16) 烟酒
	-	-	(0.14)	(0.09)	(0.08)	(0.08)	(0.11)	(0.07)	(0.06)
D	-	-	−0.05	0.01	−0.03	−0.01	0.14	0.02	−0.02
	-	-	(0.14)	(0.06)	(0.04)	(0.06)	(0.09)	(0.02)	(0.05)
h	-	-	2.18	2.50	2.67	2.62	2.41	2.66	2.99
b	-	-	3.68	4.44	4.68	4.70	3.76	5.43	5.59
N	-	-	5393	5393	5393	5393	5393	5393	5393

注：本表的符号含义与表5-3相同。

表5-8　领取行为样本非空巢家庭断点回归结果

消费支出	(1) 总支出	(2) 非耐用品	(3) 日常	(4) 工作	(5) 休闲	(6) 外出	(7) 医疗	(8) 教育	(9) 烟酒
Z	0.31***	0.32***	0.38***	0.47***	0.44***	0.44***	0.33***	0.45***	0.39***
	(0.10)	(0.10)	(0.10)	(0.06)	(0.07)	(0.06)	(0.12)	(0.07)	(0.08)
D	−1.32**	−0.94*	−0.87	−0.56	−2.02*	−0.94	−3.81*	0.58	−7.28***
	(0.58)	(0.54)	(0.92)	(0.62)	(1.20)	(0.71)	(2.30)	(1.34)	(2.52)
h	2.12	2.05	2.18	3.00	3.08	2.76	2.10	3.24	2.41
b	4.52	4.39	4.32	5.94	5.48	5.65	3.87	5.54	4.41
N	5119	4757	5307	5623	6190	5540	6211	6316	6362
消费比例	-	-	(10) 日常	(11) 工作	(12) 休闲	(13) 外出	(14) 医疗	(15) 教育	(16) 烟酒
Z	-	-	0.35***	0.44***	0.43***	0.38***	0.36***	0.30***	0.33***
	-	-	(0.09)	(0.08)	(0.08)	(0.09)	(0.09)	(0.11)	(0.10)
D	-	-	0.33	0.07	−0.03	0.02	−0.13	0.01	−0.19*
	-	-	(0.20)	(0.08)	(0.05)	(0.10)	(0.15)	(0.12)	(0.10)
h	-	-	2.19	2.71	2.95	2.48	2.33	2.12	2.21
b	-	-	4.69	5.63	5.13	4.89	4.72	4.00	4.40
N	-	-	4757	4757	4757	4757	4757	4757	4757

注：本表的符号含义与表5-3相同。

空巢中老年家庭没有子女或其他亲属同住，收入来源相对单一，可获取的精神慰藉和日常照料相对更少，因此可能在消费行为上更加谨慎，消费目的上可能主要以满足常规项目以及健康需求为主。对于机关事业单位养老保险或城镇职工基本养老保险的参保空巢家庭来说，退休意味着离开工作岗位并失去工资性收入，尽管养老金水平一般高于城乡居民基本养老保险，但仍然低于退休前工资。因此，退休空巢家庭可能倾向于削减或压缩外出类消费而优先满足日常需求及健康需求等，这反映在空巢家庭退休后外出类支出的显著下降上。对于城乡居民基本养老保险的参保空巢家庭来说，外出类支出水平本身就较低，结合第四章的结果，大部分类别的支出在该类家庭参保和未参保状态下没有显著区别。因此，即使参保阶段转换，外出类支出的变化也较小，城乡居民基本养老保险的参保空巢家庭在实际领取到养老金后主要用于增加医疗支出满足健康需求。

非空巢家庭可以获取受访者以外家庭成员的收入，对于参加了机关事业单位养老保险或城镇职工基本养老保险的家庭来说，其他家庭成员通常也是从事非农工作，即使户主退休后，家庭仍然有其他处于工作状态的成员可以获取劳动收入，这有助于减少家庭收入的波动，使得退休行为对非空巢家庭消费的影响不显著。结合第四章的结果，对于参加城乡居民基本养老保险的非空巢家庭来说，参保行为使家庭多个类别的消费支出显著高于未参保时的水平。这类家庭在实际领取到养老金后，一方面可能会由于养老金水平较低而重新调整消费行为降低消费支出；另一方面可能是养老金产生了引致退休效应，使家庭同时减少劳动供给和消费。下文将详细探讨参保阶段转换对家庭消费的影响机制。

五、稳健性检验

本部分从三个方面来检验断点回归设计的合理性：一是检验驱动变量（本章指的是年龄变量）的密度函数在断点处的连续性；二是检验控制变量的断点两侧是否发生跳跃；三是检验伪断点处的被解释变量是否发生跳跃。

根据麦克拉里（McCrary，2008）提出的相关检验，退休行为样本的驱动变量密度函数估计值在断点两侧的差值为-0.061，标准误为0.176；领取行为样本对应的差值为0.133，标准误为0.046。根据卡塔内奥等（Cattaneo et al.，2020）进行偏差校正后的相关密度检验，退休行为样本的t统计量为-0.234，相应p值为0.815；领取行为样本的t统计量为1.40，相应p值为0.163，相应的驱动变量密度函数图如图5-3所示。根据相关检验，可以认为断点两侧的密度函数不存在显著差异。

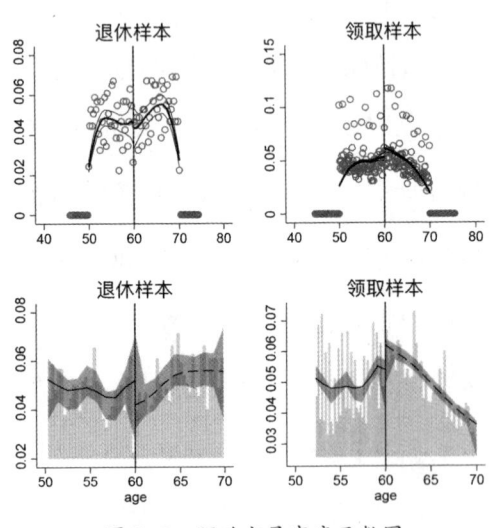

图5-3 驱动变量密度函数图

注：第一行的密度图根据麦克拉里（McCrary，2008）的检验方法绘制，实线为密度函数估计值，虚线之间的区域为置信区间；第二行的密度图根据卡塔内奥等（2020）的检验方法绘制，折线上下的阴影区域为置信区间。横坐标为年龄，对于退休样本来说是男性户主年龄，对于领取样本来说是随机户主年龄。

如果断点回归的控制变量在断点两侧发生跳跃，那结果变量的变化可能不完全由处理变量引起，处理效应的估计可能不够准确，因此断点回归设计要求控制变量在断点两侧连续。表5-9与表5-10是以相应控制变量作为被解释变量的断点回归结果，可以看到控制变量在断点两侧均未发生显著跳跃。

表5-9 退休行为样本控制变量断点回归结果

	(1) 家庭人口总数	(2) 是否城镇地区	(3) 家庭最高学历	(4) 平均户口性质	(5) 是否有配偶
Z	0.65***	0.65***	0.65***	0.65***	0.65***
	(0.12)	(0.11)	(0.12)	(0.11)	(0.12)
D	0.59	0.00	−0.26	−0.03	0.19
	(1.04)	(0.26)	(0.53)	(0.18)	(0.12)
h	3.43	3.41	3.24	3.75	3.35
b	4.69	4.82	4.54	5.57	4.60
N	1670	1670	1670	1670	1670

注：表5-9至表5-12的结果均控制了访问年份虚拟变量，符号含义与表5-3相同。

表 5-10　领取行为样本控制变量断点回归结果

	(1) 家庭人口总数	(2) 是否城镇地区	(3) 家庭最高学历	(4) 平均户口性质	(5) 是否有配偶	(6) 是否女性
Z	0.55***	0.52***	0.40***	0.43***	0.51***	0.41***
	(0.05)	(0.06)	(0.08)	(0.08)	(0.06)	(0.08)
D	0.52	0.10	0.37	−0.04	−0.07	0.09
	(0.42)	(0.13)	(0.28)	(0.09)	(0.09)	(0.12)
h	4.30	3.81	2.73	3.03	3.85	2.76
b	6.20	5.81	4.48	4.87	5.68	4.57
N	6812	6812	6808	6712	6812	6812

如果被解释变量在其他年龄断点处发生跳跃，则处理效应估计的准确性也会受到影响。表 5-11 和表 5-12 是以 55 岁为年龄断点进行回归的结果，可以看到无论是退休行为样本还是领取行为样本，家庭消费的变化均不显著，同时第一阶段的退休率变化也不够显著。综上所述，可以认为本章以断点回归设计作为识别策略是有效的，研究结果较为稳健。

表 5-11　退休行为样本伪断点（55 岁）回归结果

消费支出	(1) 总支出	(2) 非耐用品	(3) 日常	(4) 工作	(5) 休闲	(6) 外出	(7) 医疗	(8) 教育	(9) 烟酒
Z	0.12*	0.12	0.16	0.13	0.12	0.09	0.20*	0.10	0.20
	(0.07)	(0.08)	(0.12)	(0.11)	(0.08)	(0.08)	(0.11)	(0.06)	(0.12)
D	−1.38	−1.15	−1.16	−0.70	−4.41	−0.57	7.20	5.87	19.00
	(2.37)	(2.28)	(2.10)	(2.82)	(12.92)	(4.02)	(11.17)	(10.35)	(16.86)
h	2.73	2.42	1.47	1.51	2.03	2.08	1.30	2.27	1.25
b	4.32	3.78	2.41	2.44	2.87	3.07	2.19	3.46	1.93
N	1341	1292	1415	1492	1555	1459	1595	1618	1615

（续表）

消费比例			(10)日常	(11)工作	(12)休闲	(13)外出	(14)医疗	(15)教育	(16)烟酒
Z	—	—	0.12	0.12	0.12	0.12	0.16	0.17	0.12
	—	—	(0.10)	(0.08)	(0.08)	(0.09)	(0.12)	(0.14)	(0.10)
D	—	—	−0.16	−0.28	−0.34	−0.45	0.18	0.11	0.43
	—	—	(0.83)	(0.56)	(0.51)	(0.68)	(0.54)	(0.17)	(0.40)
h	—	—	1.84	2.46	2.28	2.09	1.45	1.22	1.98
b	—	—	2.85	4.24	4.23	3.09	2.45	2.15	2.92
N	—	—	1292	1292	1292	1292	1292	1292	1292

表 5-12　领取行为样本伪断点（55 岁）回归结果

消费支出	(1)总支出	(2)非耐用品	(3)日常	(4)工作	(5)休闲	(6)外出	(7)医疗	(8)教育	(9)烟酒
Z	0.02	0.03*	0.03	0.03*	0.03*	0.03**	0.03	0.03*	0.03*
	(0.02)	(0.02)	(0.02)	(0.01)	(0.02)	(0.01)	(0.02)	(0.02)	(0.02)
D	−1.72	−2.30	−4.11	−4.42	−3.22	−4.68	14.37	−8.60	−18.41
	(5.62)	(4.78)	(5.49)	(6.66)	(12.33)	(6.39)	(14.35)	(10.80)	(18.30)
h	2.18	1.98	1.88	2.51	2.23	2.32	1.96	1.85	2.03
b	3.02	2.99	2.83	3.70	3.16	3.46	2.96	2.98	3.05
N	10755	10153	10972	11956	12883	11842	12822	13077	13065

消费比例			(10)日常	(11)工作	(12)休闲	(13)外出	(14)医疗	(15)教育	(16)烟酒
Z	—	—	0.03	0.03*	0.03*	0.03	0.03	0.03	0.03
	—	—	(0.02)	(0.02)	(0.02)	(0.02)	(0.02)	(0.03)	(0.03)
D	—	—	0.06	0.38	0.39	0.48	0.53	0.22	−2.07
	—	—	(1.05)	(0.69)	(0.54)	(0.68)	(1.06)	(0.50)	(2.00)
h	—	—	2.11	1.95	1.92	1.49	1.29	1.17	1.00
b	—	—	3.03	2.84	3.02	2.37	2.15	2.00	2.10
N	—	—	10150	10150	10150	10150	10150	10150	10150

133

六、影响机制检验

机制检验的结果如表5-13和表5-14所示。从全样本的机制分析可以看到,退休行为使受访者的工作概率显著下降,这也印证了机关事业单位养老保险或城镇职工基本养老保险的参保者在办理退休手续后通常会退出劳动市场。离开工作岗位也意味着失去工资收入,家庭收入将受到影响,可以看到家庭收入的系数为负但不显著,这可能是由于部分家庭仍可获取其他家庭成员的收入。家庭养老预期无显著变化,这可能是因为这些家庭本身预期以养老金作为老年生活来源的概率很高,养老预期较为稳定。空巢家庭和非空巢家庭退休后的工作概率均显著下降,由于空巢家庭无其他家庭成员,家庭收入在户主退休后显著下降,而非空巢家庭的收入变化不显著。非空巢家庭的户主退休后,家庭开始领取养老金,受访者以养老金为主要生活来源的概率大幅度增加。综上,可以推断退休行为主要是通过使受访者退出工作岗位,进而降低家庭总收入来减少消费,又通过提高家庭对养老金的依赖程度,使得家庭稳定消费。

领取行为对全样本和空巢家庭的机制变量影响不显著,对非空巢家庭受访者的工作概率和家庭总收入有显著负向影响。根据第四章的结果,家庭在进入缴费阶段后已经显著改变了养老预期,因此参保阶段的转换对养老预期的影响可能不再显著。城乡居民基本养老保险的养老金领取条件并不要求参保者退出当前工作,但参保者所从事的工作可能存在年龄要求,或者养老金的发放对受访者产生了引致退休效应,从而使得非空巢家庭减少劳动力供给。根据第四章的结果,家庭在进入缴费阶段后工作意愿显著下降,这可能也使得非空巢家庭的受访者在实际领取到养老金后延续这一意愿而减少劳动供给，而工作意愿此时的变化不再显著。减少劳动供给后，家庭总收入也随之降低，这也进一步使家庭消费减少。如前所述，空巢家庭的消费行为可能更加谨慎，城乡居民基本养老保险的养老金水平也通常较低，因而参保阶段转换对其影响有限。非空巢家庭的受访者更容易从其他家庭成员处获取精神慰藉和日常照料，在其开始领取稳定的养老金后，有可能会通过同时减少劳动供给和消费的方式来提高效用水平或维持效用水平不变。综上，领取行为可能会对非空巢家庭产生引致退休效应，进而使家庭消费减少。

表 5-13　退休行为样本机制分析结果

	全样本			空巢家庭			非空巢家庭		
	养老预期	工作状态	家庭总收入	养老预期	工作状态	家庭总收入	养老预期	工作状态	家庭总收入
Z	0.64***	0.72***	0.72***	1.12***	0.95***	0.86***	0.47**	0.44**	0.45**
	(0.12)	(0.15)	(0.17)	(0.21)	(0.17)	(0.16)	(0.22)	(0.22)	(0.20)
D	0.14	−1.00***	−2.42	−0.08	−1.03***	−3.42**	0.70**	−1.55*	2.84
	(0.14)	(0.39)	(1.62)	(0.07)	(0.38)	(1.64)	(0.35)	(0.89)	(2.09)
h	3.00	2.46	2.29	1.94	2.32	2.33	2.33	2.73	2.94
b	5.05	4.43	3.85	4.28	4.41	4.76	5.37	4.70	5.08
N	1670	1670	1642	978	978	960	692	692	682

注：本表的符号含义与表 5-3 相同，工作状态变量指的是非农工作状态，下表同。

表 5-14　领取行为样本机制分析结果

	全样本			空巢家庭			非空巢家庭		
	养老预期	工作状态	家庭总收入	养老预期	工作状态	家庭总收入	养老预期	工作状态	家庭总收入
Z	0.50***	0.51***	0.49***	0.60***	0.66***	0.61***	0.38***	0.38***	0.42***
	(0.06)	(0.06)	(0.10)	(0.09)	(0.06)	(0.10)	(0.09)	(0.08)	(0.08)
D	−0.00	−0.09	−0.62	0.07	0.10	1.02	−0.14	−0.56**	−1.96**
	(0.13)	(0.15)	(1.16)	(0.20)	(0.12)	(0.97)	(0.14)	(0.27)	(0.96)
h	2.79	3.03	2.05	2.71	3.41	2.55	2.77	2.81	2.60
b	4.42	4.46	4.30	4.46	5.55	4.72	4.27	4.35	4.91
N	13593	13593	12704	6885	6885	6486	6708	6708	6218

	全样本	空巢家庭	非空巢家庭
	工作意愿	工作意愿	工作意愿
Z	0.54***	0.64***	0.46***
	(0.06)	(0.10)	(0.09)
D	0.10	0.04	0.17
	(0.14)	(0.16)	(0.22)
h	2.77	3.07	2.69
b	5.61	5.81	5.49
N	7535	3848	3687

七、本章小结

本章选取已经参加养老保险的家庭作为研究对象，使用CHARLS数据和断点回归分析方法实证检验家庭由缴费（或工作）阶段转换为领取阶段时的消费变化。养老金领取条件中的年龄限制可以视作外生的政策规定，这一政策背景为断点回归方法的使用提供了条件。中国当前存在多种类别的养老保险，不同类别之间的缴费水平以及养老金水平差异较大，在领取条件上也存在差异。机关事业单位养老保险与城镇职工基本养老保险的参保者需要办理退休手续离开工作岗位后领取养老金，而城乡居民基本养老保险的参保者只需满足缴费条件和年龄条件即可领取养老金。根据是否需要办理退休手续，本章将前一类参保阶段转换简称为退休行为，将后一类参保阶段转换简称为领取行为。

结果显示，退休行为使家庭非耐用品消费显著下降，其中休闲支出及其占比降低最明显；领取行为对家庭消费影响较小，仅烟酒支出显著下降。将样本进一步区分为空巢家庭和非空巢家庭后发现，针对同一类型参保阶段转换，空巢家庭与非空巢家庭的回归结果存在异质性，而针对同一种家庭结构，不同类型参保阶段转换的结果也存在异质性。整体来看，退休行为使空巢家庭的消费支出显著下降，而对非空巢家庭的消费影响不显著。领取行为使非空巢家庭的消费支出显著下降，而对空巢家庭的消费影响不显著。由此推断，不同类型家庭的消费需求和消费行为调整等方面都存在差异，空巢家庭可能相对更加谨慎。

针对上述回归结果进行机制分析，结果发现退休行为使受访者的工作概率显著下降，空巢家庭的家庭总收入也随之显著下降，非空巢家庭仍可获取其他成员的收入因而家庭总收入变化不显著。空巢家庭的养老预期变化不显著，非空巢家庭对养老金的预期依赖程度显著增加。因此，可以推断退休行为主要通过降低家庭收入来减少消费，通过养老预期来稳定消费。领取行为使得非空巢家庭降低从事非农业工作的概率，家庭总收入也相应下降。城乡居民基本养老保险的养老金领取条件并没有要求退出工作岗位，因此推断领取行为主要通过引致退休效应来使非空巢家庭同时减少劳动和消费。

第六章　省级参保情况对家庭消费的影响

从微观家庭层面来看，家庭是否参保或者家庭参保阶段的转换都会促使家庭进行相应的消费调整。从宏观汇总层面来看，整个省份的养老保险参与现状也与家庭平均消费情况相互关联。因此，本章使用省级层面的面板数据来检验养老保险与家庭消费之间的关系，并在指标使用上选取家庭平均消费率以检验更为长期的关系。

一、理论分析

以省份为基本分析单位时，消费指标和养老保险指标更多反映的是省份平均状态，更适合分析两者之间的中长期关系。本章选取家庭平均消费率为研究对象，家庭消费率即消费支出占家庭总收入的比例，省级平均消费率是所有家庭的平均消费与平均收入之比。将省级平均消费率进行分解，可以认为总消费由少儿人口、工作人口和老年人口的消费构成，而总收入主要由工作人口和老年人口赚取，不同人群的收入水平、消费特点以及所占总人口比例都将影响省级平均水平。因此，本章针对不同人群的消费特点提出以下理论分析。

生命周期假说的分析对象是处于社会保障体系较为完善的发达国家的个体,他们可以预期到老年阶段稳定的养老金收入进而可以对终生资源进行分配,费尔德斯坦(Feldstein,1974)也指出预期可获取的养老金是大部分家庭最重要的财富形式。但是,中国传统的养老方式为家庭养老,并且当前的养老保险体系尚不完善,经济个体将养老金纳入终生资源进行预期并分配的假设与中国现实存在一定差距。余永定和李军(2000)认为中国居民的消费储蓄行为存在阶段性,不同阶段存在特定的储蓄目标。因此,本部分假设经济个体在工作阶段有计划地分配财富至退休前各个年龄段(包括对子女的抚养和对父母的赡养),老年阶段依据可获得的劳动收入、代际转移支付(子女或其他亲属的赡养)和社会转移支付(养老金等)等资源重新分配消费与储蓄,老年阶段主要生活来源的不同将影响到这一分配行为。

在此基础上,可以根据退休阶段不同的养老方式(主要生活来源)将老年人口区分为三类[①]:一是家庭养老型,个体依靠来自子女或其他亲属的代际转移收入;二是个人养老型,个体依靠成年期的非养老保险类财富积蓄以及老年阶段的劳动收入;三是社会养老型,个体依靠社会养老保险。假设第一类老年人口在退休期只增加总量消费,不再获得新的收入流量,而拥有养老保险的老年人可获得养老金收入。下文将第一类老年人口作为纯负担人口与工作人口和少儿人口视为一个家庭单位进行分析,将第二类和第三类老年人口合并作为拥有独立财富的老年人口

---

① 尽管老年阶段的生活来源往往是几类收入的混合形式,但其通常以某一类收入为主,因此本部分按照主要收入来源对老年人进行了简单的分类。此外,三类老年人口均可获得财产性收入、社会补助和其他转移收入,鉴于这几类收入占比相对较小,本章的分析排除了这几类收入的影响。

进行分析。

居民总量消费 C 由少儿人口人均消费 C_y，工作人口人均消费 C_l，第一类老年人口人均消费 C_{o1} 和第二类、三类老年人口人均消费 C_{o2} 乘以各自人口数量 P_y、P_l、P_{o1} 和 P_{o2} 获得；总量可支配收入 Y 由工作人口人均劳动收入 y_l 和老年人口人均养老金收入（或劳动收入）y_{o2} 乘以各自人口数量 P_l 和 P_{o2} 获得。则总量消费率可以表示为：

$$\frac{C}{Y} = \frac{P_y C_y + P_l C_l + P_{o1} C_{o1} + P_{o2} C_{o2}}{P_l y_l + P_{o2} y_{o2}} = \frac{\widetilde{C}_l}{y_l} q_l + \frac{C_{o2}}{y_{o2}} q_{o2}$$

$$\widetilde{C}_l = C_l \phi$$

$$\phi = 1 + ydep \frac{C_y}{C_l} + odep_1 \frac{C_{o1}}{C_l} \quad (6.1)$$

$$q_l = \frac{1}{1 + \frac{p_{o2} y_{o2}}{P_l y_l}} = \frac{1}{1 + odep_2 \gamma}$$

其中，q_l 和 q_{o2} 分别表示工作人口的劳动收入和老年人口养老金收入（或劳动收入）在总量收入中的占比，两者之和为1，γ 为老年人口收入与工作人口劳动收入之比。而 $ydep$、$odep_1$ 和 $odep_2$ 分别表示少儿人口，第一类老年人口和第二、三类老年人口与工作人口的比值，也就是各类抚养负担。可以看出，消费率受人口年龄结构、老年人口收入与工作人口收入之比、工作人口在自身消费与子女抚养消费和父母赡养消费之间的分配关系以及老年人口对养老金（或劳动收入）的使用情况影响。具体分析如下：

抚养负担与消费模式的影响。假设各类收入水平不变，且工作人口在自身消费与子女抚养消费和父母赡养消费之间的分配关系固定，少儿

抚养负担 $ydep$ 的上升和依靠家庭养老的老年抚养负担 $odep_1$ 上升，会提高公式（6.1）等号右边第一项的值，进而提高消费率。但实际上，随着抚养负担的上升，工作人口可能会重新调整自身消费与子女抚养消费和父母赡养消费之间的比例关系。一种可能是，随着子女数量的下降，根据贝克尔的数量质量替代理论，家庭会将更多的收入用于子女的教育支出，这使得消费率上升。另一种可能是，随着老龄化程度的加深以及预期寿命的延长，工作人口会减少当期消费而增加养老储蓄，这使得消费率下降。因此，抚养负担对消费率的影响方向难以确定。

养老保险制度及养老模式的影响。养老保险制度主要通过参保率、缴费和养老金收入来影响工作人口与老年人口的消费储蓄行为。第一，养老保险缴费与参保率会从两个方向影响工作人口的消费率。一方面，拥有养老保险有助于工作人口减少针对老年阶段的预防性储蓄；另一方面，养老保险可能会使工作人口产生"认知效应"［卡甘（Cagan, 1965）］，即工作人口拥有养老保险后，为退休进行储蓄的动机将会增强，从而推迟消费增加储蓄。第二，养老保险参保率与养老金收入会影响老年人口的消费储蓄行为，通常认为参保率和养老金收入的提高有利于释放老年人口消费。第三，工作人口与老年人口储蓄率的相对大小与占比会影响居民总体消费率。养老保险制度越完善，居民养老方式越倾向于社会养老，家庭养老功能越弱。家庭养老功能的弱化与老龄化程度的加剧会使拥有独立财富的老年人口对消费率的贡献增加。一般情况下，$q_1 > q_{o2}$，即工作人口的劳动收入占比更大，但是随着老龄化的加剧和养老保险覆盖面的扩大（使 $odep_2$ 升高）以及养老金替代率的提高（使 y_{o2} 与 y_1 之比 γ 升高），q_1 的比重将不断下降，q_{o2} 的比重将不断上升。

也就是说，领取养老金收入的老年人口如何使用该笔收入，对总量消费率的影响将越来越大，该部分老年人口是正储蓄者还是负储蓄者及其消费率的高低问题显得更加重要。当老年人口的消费率更高时[①]，老龄化程度的加剧可能会进一步提高消费率；反之，老龄化会降低消费率。因此，养老保险制度对消费率的影响方向也不确定，并且会影响抚养负担与消费率的关系。

此外，根据生命周期理论核心推论，当人均收入增长率为正时，年轻家庭工作时间更长，可以得到更高的收入与更多的正储蓄。退休家庭进行负储蓄（消费大于收入），相对更加贫穷，负储蓄相对更小，人均收入增长速度越快，正负储蓄的差距越大，总储蓄率越高，消费率越低。如果退休家庭仍然进行正储蓄，也依然有人均收入增长速度越快，总储蓄率越高，消费率越低。

二、计量模型与变量处理

本章使用省级面板数据进行实证分析，使用的基本计量模型为固定效应模型，各变量的定义如下。

1. 消费率，指的是家庭消费性支出占可支配收入的比例。调查数据中，城镇住户的消费支出主要是为了满足家庭日常生活所需，根据消费用途可分为八个类别。居民的消费储蓄行为易受习惯因素影响，因此解释变量中加入了滞后一期的消费率。

2. 长期收入增长率，由当期实际人均可支配收入增长率与之前14

[①] 出于预防性储蓄动机或遗赠动机等，老年人口可能具有更高的储蓄率。

年的数据进行简单平均得到①，实际人均可支配收入是以1978年价格作为基期调整所得。

3. 收入增长率波动，为当期收入增长率对上一期长期收入增长率的偏离。

4. 少儿抚养比和老年抚养比，分别为少儿人口与劳动年龄人口之比和老年人口与劳动年龄人口之比。

5. 养老保险制度相关变量，包括养老保险参保率、养老保险缴费占工资比例和养老金收入占工资比例。具体来说，养老保险参保率可进一步分解为在职人员参保率和离退人员参保率，前者为在职人员参保人数与劳动年龄人口数之比，后者用离退人员参保人数与65岁及以上人口数之比近似替代。养老保险缴费率为人均养老保险缴费与城镇单位就业人员平均工资之比，养老金替代率（养老金收入占工资比例）用人均养老金收入与城镇单位就业人员平均工资之比表示。其中，人均养老保险缴费由养老保险基金收入除以在职职工参加养老保险人数近似替代，人均养老金收入由养老保险基金支出除以离退人员参加养老保险人数近似替代。鉴于数据的可获取性，本章的养老保险仅指城镇职工基本养老保险。

6. 可能影响到消费率的其他控制变量，包括通货膨胀率、城镇化率和性别比。

以上各指标计算所使用的数据来自各年的《中国统计年鉴》《中国人口和就业统计年鉴》《中国劳动统计年鉴》以及国家统计局网站公布的数据。最早可获取的分城乡抚养负担数据始于1994年；自2013年起，

---

① 此处借鉴了 Modigliani and Cao（2004）对长期收入增长率的计算方法。

国家统计局开展了城乡一体化住户收支与生活状况调查,与之前分城镇和农村住户调查的调查范围、方法和指标口径都有所不同;城镇职工基本养老保险制度相关数据的可获取时间区间为1995—2019年。综上,面板数据的最终时间区间为1995—2012年。由于数据缺失,本章剔除了重庆和西藏的数据,因此最终所选用的样本数据包括29个省市,18年时间长度。变量描述性统计如表6-1所示。

表6-1 描述性统计

变量	符号	样本量	均值	标准差
消费率	cr	522	0.76	0.06
少儿抚养比	cdep	522	0.24	0.06
老年抚养比	odep	522	0.11	0.03
长期收入增长率	g	522	0.07	0.01
收入增长率波动	g_flu	522	0.01	0.04
在职参保人数/劳动年龄人口	emp	522	0.32	0.09
离退参保人数/65岁及以上人口	rep	522	1.02	0.38
养老保险缴费/工资	contrir	522	0.23	0.06
养老金收入/工资	pensr	522	0.58	0.14
通胀率	inf	522	0.03	0.04
性别比	sexr	522	1.04	0.03
城镇化率	ur	522	0.44	0.17

注:我国退休年龄一般为男性60岁,女工人50岁,女干部55岁,计算离退人员参保率时,无法获取城镇60岁及以上人口数据,使用城镇65岁及以上人口近似替代。使用两类口径计算的全国城镇离退人员参保率趋势基本一致,因此认为该近似替代相对合理。由于退休年龄小于等于60岁且提前退休现象普遍,离退人员参保人数占65岁及以上人

口的比重会出现大于1的情形。

数据来源：根据《中国统计年鉴》《中国人口和就业统计年鉴》《中国劳动统计年鉴》以及国家统计局网站公布的数据计算所得。

三、基准实证结果

本部分使用的基本计量模型如下：

$$CR_{it}=\alpha+\beta_0 CR_{i,t-1}+\beta_1 g_{it}+\beta_2 gflu_{it}+\beta_3 cdep_{it}+\beta_4 odep_{it}+X_{it}\gamma+Z_{it}\lambda+u_i+\varepsilon_{it} \quad （6.2）$$

其中，下标 i 表示第 i 个省份，t 表示时间。X_{it} 表示养老保险制度相关变量，包括养老保险参保率、养老保险缴费占工资比例和养老金收入占工资比例。Z_{it} 表示可能影响到消费率的其他控制变量，包括通货膨胀率 inf_{it}、城镇化率 ur_{it} 和性别比 $sexr_{it}$。u_i 表示各个省份不可观测的个体固定效应，ε_{it} 表示扰动项。

下文使用双向固定效应模型和可行广义最小二乘法（FGLS）对样本数据进行基准回归分析。两者都考虑了个体固定效应与时间固定效应，不同的是，前者使用对扰动项的组间异方差、组内自相关和组间同期相关均稳健的标准误，而后者使用对这三个因素进行了处理的标准误。考虑到居民的消费储蓄习惯，实证结果中对比了是否加入被解释变量滞后项的回归结果。全样本的基准回归结果如表6-2的1—2列（双向固定效应模型）和6—7列（FGLS）所示。根据表6-2，可得到具体分析如下。

表 6-2　基准回归结果

	双向固定效应模型						FGLS			
	全省	全省	组1	组2	组3	全省	全省	组1	组2	组3
	(1)	(2)	(3)	(4)	(5)	(6)	(7)	(8)	(9)	(10)
滞后一阶	—	0.60***	0.42***	0.72***	0.49***	—	0.54***	0.53***	0.74***	0.39***
	—	(0.06)	(0.12)	(0.11)	(0.07)	—	(0.04)	(0.08)	(0.08)	(0.08)
滞后二阶	—	0.09**	0.14	−0.00	0.09	—	0.09**	0.02	−0.04	0.11
	—	(0.03)	(0.08)	(0.06)	(0.08)	—	(0.04)	(0.08)	(0.08)	(0.07)
少儿抚养比	−0.17*	−0.06	0.04	−0.01	−0.01	0.01	−0.02	0.07	−0.02	−0.06
	(0.09)	(0.04)	(0.07)	(0.07)	(0.06)	(0.03)	(0.03)	(0.08)	(0.07)	(0.04)
老年抚养比	0.54***	0.25***	0.38***	0.37*	0.05	0.26***	0.23***	0.35***	0.31**	0.03
	(0.13)	(0.07)	(0.13)	(0.18)	(0.14)	(0.06)	(0.06)	(0.13)	(0.13)	(0.14)
长期收入增长率	−0.41***	−0.20**	−0.47*	0.03	−0.15	−0.39***	−0.26***	−0.31	−0.05	−0.34*
	(0.11)	(0.07)	(0.24)	(0.13)	(0.23)	(0.10)	(0.08)	(0.23)	(0.18)	(0.18)
收入增长率波动	−0.11***	−0.15***	−0.13***	−0.19***	−0.11*	−0.10***	−0.16***	−0.14***	−0.16***	−0.11***
	(0.03)	(0.04)	(0.04)	(0.07)	(0.06)	(0.02)	(0.02)	(0.04)	(0.04)	(0.03)
在职参保人数/劳动年龄人口	−0.05	−0.01	−0.10**	−0.08*	0.06	−0.08***	−0.03*	−0.11***	−0.05	0.04
	(0.03)	(0.01)	(0.04)	(0.04)	(0.05)	(0.02)	(0.02)	(0.04)	(0.04)	(0.03)
离退参保人数/65岁及以上人口	0.01	0.01	0.01	0.03**	−0.01	0.01***	0.01*	0.01	0.03**	0.00
	(0.01)	(0.00)	(0.01)	(0.01)	(0.02)	(0.00)	(0.00)	(0.01)	(0.01)	(0.01)
养老保险缴费/工资	−0.06	−0.02	0.03	−0.13*	0.01	−0.05**	−0.02	0.02	−0.08	−0.03
	(0.04)	(0.02)	(0.04)	(0.07)	(0.06)	(0.03)	(0.02)	(0.05)	(0.06)	(0.06)
养老金收入/工资	0.07***	0.04***	0.02	0.07***	0.03	0.04***	0.03***	0.05**	0.05**	0.03
	(0.02)	(0.01)	(0.02)	(0.02)	(0.03)	(0.01)	(0.01)	(0.02)	(0.02)	(0.02)
通胀率	0.06	0.01	−0.00	−0.16	0.05	−0.01	−0.09*	0.11	0.03	0.10
	(0.07)	(0.04)	(0.09)	(0.14)	(0.11)	(0.05)	(0.05)	(0.13)	(0.12)	(0.11)
性别比	0.04	−0.02	0.05	−0.11	−0.04	−0.04*	−0.04	−0.02	−0.06	−0.06

（续表）

	双向固定效应模型					FGLS				
	全省	全省	组1	组2	组3	全省	全省	组1	组2	组3
	(1)	(2)	(3)	(4)	(5)	(6)	(7)	(8)	(9)	(10)
	(0.03)	(0.03)	(0.04)	(0.08)	(0.07)	(0.02)	(0.02)	(0.06)	(0.06)	(0.07)
城镇化率	-0.11***	-0.02	-0.14**	-0.03	0.02	-0.11***	-0.05**	-0.15***	-0.01	0.01
	(0.03)	(0.02)	(0.06)	(0.02)	(0.04)	(0.02)	(0.02)	(0.05)	(0.03)	(0.04)
cons	0.81***	0.28***	0.37***	0.34***	0.37***	0.94***	0.38***	0.45***	0.27***	0.45***
	(0.04)	(0.05)	(0.11)	(0.11)	(0.12)	(0.03)	(0.06)	(0.13)	(0.08)	(0.10)
obs	522	522	162	180	180	522	522	162	180	180
group	29	29	9	10	10	29	29	9	10	10
r2_w	0.789	0.884	0.858	0.912	0.907	—	—	—	—	—

注：括号内为稳健标准误，***、**和*分别表示1%、5%和10%的显著性水平，结果均保留两位小数。cons、obs和group分别表示常数项、观测数以及面板单位个数，r2_w指的是组内R^2。

一是人口年龄结构变量方面：老年抚养比与消费率显著正相关，少儿抚养比系数符号的稳定性与显著性较差；这说明20世纪90年代中后期以来，老龄化程度的加剧提高了城镇居民消费率，降低了储蓄率，这可能与老年人本身储蓄率较低有关；而少儿抚养比的下降对中国城镇居民储蓄行为影响不显著，这可能是由于城镇已经度过人口出生率显著下降阶段，子女数量趋于稳定所致。

二是养老保险制度变量方面：在职人员参保率越高，消费率越低，这说明在老龄化程度加剧的背景下，养老保险在中国城镇可能具有"认知效应"[卡甘（Cagan，1965）]，即在职职工拥有养老保险后，会有意识地推迟消费，增加养老储蓄；离退人员参保率越高，消费率越高，但该影响较小；养老保险缴费率与居民消费率负相关，说明降低缴费率有利于释放消费，减少储蓄；养老金占工资比例越高，居民消费率越高，这说明老年生活来源得到保障有利于居民释放消费，保障程度越高，释放力度越大。

三是收入增长率与消费习惯方面：长期收入增长率与收入增长率波动与消费率负相关，即对储蓄率具有正向拉动作用，这与生命周期理论的基本观点一致。滞后的消费率显著为正，说明中国城镇居民的消费行为受习惯因素影响较大。

四、异质性分析

由于中国不同省份之间养老保险的完善程度差异较大，为进一步分析老龄化背景下养老制度对城镇居民消费行为的影响，本研究对各个省份进行分组分析，分组依据为以养老金作为主要生活来源的老年人口比例。整体来看，城镇老年人口的主要生活来源为养老金收入，其次为亲属供给。根据2007—2009年[①]以养老金为主要生活来源的60岁及以上城镇老年人口比例平均值高低，将各省份进行排序，进而分为三组：组1为排序前九的省份，该比例均在50%以上，对养老金依赖程度高；组2为后续十个省份，该比例为40%到50%之间，对养老金依赖程度中等；组3为排序最后的十个省份，该比例低于40%，对养老金依赖程度低。不同组别经济变量对比情况如表6-3所示。

---

① 数据来自《中国人口和就业统计年鉴》，仅可获取2007—2009连续三年统计口径一致的数据。

表 6-3　变量分组对比情况

变量	组 1	组 2	组 3	变量	组 1	组 2	组 3
消费率	1.01	1.00	0.98	养老保险缴费	1.18	0.98	0.86
少儿抚养比	0.83	1.02	1.13	养老金收入	1.03	0.99	0.99
老年抚养比	1.06	0.99	0.96	工资收入	1.15	0.95	0.91
长期收入增长率	1.00	0.98	1.02	养老保险缴费/工资	1.05	1.00	0.95
收入增长率波动	1.12	1.21	0.68	养老金收入/工资	0.93	1.02	1.05
在职参保人数/劳动年龄人口	1.13	0.96	0.92	通胀率	1.00	1.06	0.94
离退参保人数/65岁及以上人口	1.25	0.93	0.84	性别比	0.99	1.00	1.01
				城镇化率	1.33	0.89	0.82

注：本表将全国数据标准化为1，以观察各组之间的区别。

根据表 6-3，可以看出变量在不同组别之间存在阶梯性差异：对养老金依赖程度越高的组别消费率越高，同时老龄化更严重，参保率和养老保险缴费占工资比例越高，养老金收入占工资比例越低，因此该分组情况在一定程度上也反映了参保率的差异情况，也就是养老保险覆盖面的差异。子样本的回归结果如表 6-2 的第 3—5 列和 8—10 列所示，具体分析如下。

一是人口年龄结构变量方面。少儿抚养比系数符号的稳定性与显著性较差，与全样本回归结果类似；组 1 与组 2 的老年抚养比系数显著为正，组 3 的老年抚养比系数同样为正但不显著，且系数绝对值明显小于组 1 与组 2。这说明在老年居民对养老金依赖程度更高的地区，老年人口的负储蓄属性可能更加明显。由于在老年居民对养老金依赖程度更高的地区，养老保险参保率更高，养老保险制度通常更完善，因此，可以认为养老保险制度整体有利于稳定居民预期，缓解预防性储蓄动机并释放消费。

二是养老保险制度变量方面。在职人员参保率系数在组1显著为负，在组2为负但显著性稍差，在组3为正且不显著；离退人员参保率在组1为正但不显著，在组2显著为正，在组3的系数较小且符号不稳定；养老保险缴费率的系数在组1系数为正且不显著，在组2显著为负，在组3的系数符号不稳定；养老金占工资收入比例的系数在各组均为正，在组2较为显著，在组1和组3的显著性稍差。

这说明，对养老金依赖程度的不同使得各变量对消费率存在异质性作用。第一，在对养老金依赖程度更高的地区，老年人口的负储蓄属性更加明显，离退人员参保率上升对消费率的促进作用更大。第二，在对养老金依赖程度较低的区域，在职人员参保人数占劳动年龄人口比重的增加有利于稳定居民老年生活来源预期，从而可能增加居民消费；但在对养老金依赖程度较高的区域，继续提高该比重可能会带来"认知效应"，促使在职人员改变劳动年龄阶段的消费函数而增加储蓄，减少消费，这可能也反映了参保率较高区域的居民为养老进行储蓄的意识较强。第三，养老保险缴费与收入方面，在对养老金依赖程度较低的区域，养老保险制度处于发展初期阶段，保障力度较小，养老金收入的提高使得老年居民生活来源增加，更有利于减少储蓄释放居民消费，养老保险缴费负担的降低也会增加消费，这与白重恩等（2012）的发现一致；随着对养老金依赖程度的增加，养老保险缴费负担的约束作用和养老金收入的保障作用逐渐稳定，对消费率的影响变得不显著。

三是收入增长率和储蓄习惯方面。长期收入增长率与收入增长率波动对城镇居民的消费行为仍有较强的解释力，滞后消费率显著为正，说明各组城镇居民的消费习惯均非常稳定。

五、稳健性检验

为保证回归结果的稳健性，避免动态面板偏差，接下来进一步使用差分GMM（高斯混合模型）和系统GMM方法进行估计，结果如表6-4所示，可以看到上述分析依然成立。

此外，统计年鉴内的城乡住户调查指标统计口径在2013年发生变化，这导致2013年及以后的家庭收入和消费变量与2012年的相应数值不可比，因此上述基准分析所使用的数据区间为1995—2012年。指标统计口径发生变化的为家庭可支配收入与消费支出变量，本章所使用的被解释变量为消费率，为消费支出与收入的比值，可以近似认为该比值的变化规律不受口径调整的影响。解释变量中当期收入增长率的计算需要用到当期收入与上一期收入数据，因此2013年的当期收入增长率由于口径调整无法计算，其余年份的当期收入增长率可计算。同样地，近似认为当期收入增长率的变化规律不受口径调整的影响，长期收入增长率的计算仍然使用向前14年的收入增长率与当期收入增长率进行平均。综上，为了反映较新年份的状态，本部分将数据区间扩展至2019年，并剔除2013年的数据。1995—2019年的全样本数据回归结果如表6-5所示，可以看到结果基本稳健。

表 6-4　GMM 回归结果

	差分 GMM				系统 GMM			
	全省	组1	组2	组3	全省	组1	组2	组3
	(1)	(2)	(3)	(4)	(5)	(6)	(7)	(8)
滞后一阶	0.41***	0.32***	0.73***	0.53***	0.67***	0.43***	0.85***	0.58***
	(0.06)	(0.06)	(0.08)	(0.06)	(0.06)	(0.07)	(0.04)	(0.07)
滞后二阶	—	0.13*	—	—	0.16***	0.23***	—	0.14*
	—	(0.07)	—	—	(0.06)	(0.05)	—	(0.07)
少儿抚养比	0.05	−0.00	−0.04	−0.03	0.00	−0.11	−0.09*	0.03
	(0.08)	(0.11)	(0.12)	(0.08)	(0.05)	(0.07)	(0.05)	(0.07)
老年抚养比	0.08	0.27**	0.34**	0.06	0.09	0.20***	0.20	0.05
	(0.16)	(0.11)	(0.16)	(0.23)	(0.08)	(0.05)	(0.14)	(0.15)
长期收入增长率	0.11	−0.36	0.10	−0.23	−0.25*	−0.32	−0.14	−0.36
	(0.30)	(0.28)	(0.22)	(0.31)	(0.14)	(0.23)	(0.17)	(0.26)
收入增长率波动	−0.04	−0.11**	−0.19***	−0.08	−0.04	−0.12**	−0.17***	−0.07
	(0.05)	(0.05)	(0.07)	(0.05)	(0.05)	(0.05)	(0.07)	(0.07)
在职参保人数／劳动年龄人口	−0.07*	−0.16***	−0.07**	0.08*	−0.02	−0.04	−0.09***	0.06
	(0.04)	(0.05)	(0.03)	(0.05)	(0.02)	(0.04)	(0.03)	(0.04)
离退参保人数／65岁及以上人口	−0.01	0.00	0.03**	−0.02	0.01	0.00	0.02	−0.01
	(0.01)	(0.01)	(0.01)	(0.02)	(0.00)	(0.01)	(0.01)	(0.01)
养老保险缴费／工资	0.13**	0.03	0.14*	0.02	−0.03	0.04	−0.12	0.02
	(0.06)	(0.07)	(0.08)	(0.05)	(0.04)	(0.06)	(0.08)	(0.07)
养老金收入／工资	0.04**	0.00	0.07***	0.03	0.02	−0.01	0.07***	−0.02
	(0.02)	(0.02)	(0.03)	(0.02)	(0.02)	(0.02)	(0.03)	(0.02)
通胀率	−0.03	0.10	−0.13	0.03	0.07	−0.01	−0.12	0.00
	(0.09)	(0.13)	(0.15)	(0.15)	(0.10)	(0.12)	(0.15)	(0.17)

（续表）

	差分 GMM				系统 GMM			
	全省	组1	组2	组3	全省	组1	组2	组3
	(1)	(2)	(3)	(4)	(5)	(6)	(7)	(8)
性别比	0.00	0.00	−0.11**	−0.04	−0.01	0.01	−0.04	0.02
	(0.05)	(0.06)	(0.04)	(0.05)	(0.04)	(0.08)	(0.07)	(0.04)
城镇化率	−0.08	−0.23***	−0.03	0.02	−0.00	−0.07***	−0.04	0.01
	(0.06)	(0.06)	(0.03)	(0.06)	(0.02)	(0.02)	(0.03)	(0.02)
cons	0.50***	0.58***	0.29**	0.33***	0.15**	0.31**	0.17	0.16**
	(0.12)	(0.13)	(0.12)	(0.13)	(0.07)	(0.13)	(0.11)	(0.08)
obs	464	135	160	160	464	144	170	160
	29	9	10	10	29	9	10	10
sargan	0.77	0.26	0.36	0.55	0.70	0.65	0.91	0.73
ar1	0.00	0.01	0.00	0.00	0.00	0.01	0.00	0.01
ar2	0.07	0.72	0.57	0.61	0.95	0.41	0.65	0.12

注：括号内为稳健标准误，ar1和ar2分别指的是GMM估计扰动项的差分是否存在一阶与二阶自相关的检验的p值，sargan指的是GMM估计工具变量过度识别检验p值。差分GMM和系统GMM估计中，设定少儿抚养比和老年抚养比是外生变量，长期收入增长率和收入增长率波动为内生变量，其他变量为前定变量。差分GMM和系统GMM均最多使用被解释变量的6阶滞后值作为工具变量，解释变量均使用1个更高阶滞后作为工具变量。为了提高效率，滞后阶数不显著的不显示，但是即使改变滞后阶数结果也稳健。

表 6-5　1995—2019 年数据回归结果

	双向固定效应模型		FGLS		差分 GMM	系统 GMM
	(1)	(2)	(3)	(4)	(5)	(6)
滞后一阶	−	0.72***	−	0.65***	0.43***	0.71***
	−	(0.06)	−	(0.03)	(0.05)	(0.05)
滞后二阶	−	−	−	0.07**	−	0.10**
	−	−	−	(0.03)	−	(0.05)
少儿抚养比	−0.08	−0.03	0.02	−0.01	0.05	−0.03
	(0.07)	(0.04)	(0.02)	(0.02)	(0.07)	(0.04)
老年抚养比	0.44***	0.13	0.13***	0.12***	0.05	0.06
	(0.11)	(0.09)	(0.03)	(0.03)	(0.15)	(0.08)
长期收入增长率	−0.35***	−0.20**	−0.36***	−0.14***	0.04	−0.34***
	(0.11)	(0.10)	(0.08)	(0.05)	(0.30)	(0.13)
收入增长率波动	−0.08*	−0.13***	−0.08***	−0.12***	−0.05	−0.04
	(0.04)	(0.04)	(0.01)	(0.01)	(0.05)	(0.05)
在职参保人数／劳动年龄人口	−0.07**	−0.02*	−0.05***	−0.03***	−0.06*	−0.02*
	(0.03)	(0.01)	(0.01)	(0.01)	(0.04)	(0.01)
离退参保人数／65 岁及以上人口	0.00	−0.00	−0.00	−0.00	−0.01	0.01
	(0.01)	(0.00)	(0.00)	(0.00)	(0.01)	(0.00)
养老保险缴费／工资	−0.12**	−0.02	−0.06***	−0.05***	−0.11**	−0.02
	(0.06)	(0.03)	(0.01)	(0.01)	(0.04)	(0.04)
养老金收入／工资	0.07***	0.02	0.03***	0.03***	0.04*	0.00
	(0.01)	(0.02)	(0.01)	(0.01)	(0.02)	(0.02)
通胀率	0.08	0.00	0.08**	0.05*	−0.03	0.04
	(0.07)	(0.04)	(0.04)	(0.03)	(0.09)	(0.10)
性别比	0.18***	0.04	0.03**	0.03**	0.01	0.01

续表

	双向固定效应模型		FGLS		差分 GMM	系统 GMM
	(1)	(2)	(3)	(4)	(5)	(6)
	(0.06)	(0.03)	(0.02)	(0.01)	(0.05)	(0.03)
城镇化率	−0.15***	−0.04*	−0.10***	−0.04***	−0.08	−0.01
	(0.03)	(0.02)	(0.01)	(0.01)	(0.06)	(0.02)
cons	0.68***	0.21***	0.00	0.22***	0.46***	0.16**
	(0.07)	(0.05)	(0.00)	(0.03)	(0.11)	(0.07)
obs	667	667	667	667	580	609
group	29	29	29	29	29	29
r2_w	0.815	0.913	—	—	—	—
ar1	—	—	—	—	—	0.00
ar2	—	—	—	—	—	0.70
sargan	—	—	—	—	—	0.71

注：由于剔除了2013年数据，差分GMM的ar1、ar2和sargan值无法计算。

六、本章小结

本章在中国老龄化程度加剧这一现实基础上，结合城镇职工基本养老保险制度发展现状，将生命周期假说的基本推论进行了扩展，使用省级城镇住户调查面板数据和双向固定效应模型、FGLS以及GMM模型，对人口老龄化、养老保险制度和城镇居民消费率之间的关系进行了回归分析，并考虑了老年居民对养老金依赖程度带来的影响。

从全样本回归结果来看，养老金占工资比例的提高和养老保险缴费率的降低在整体上会促进居民消费，在职人员参保率提高会降低居民消费率。据此可以推断，当前居民存在一定的"认知效应"，养老金的消费释放作用显著，而养老保险缴费有约束消费的作用。中国城镇居民储蓄行为受习惯因素影响显著，同时长期收入增长率的提高和收入增长率的正向波动会提高储蓄率降低消费率。

老年居民对养老金依赖程度的高低使得各变量对消费率的影响存在异质性。第一，20世纪90年代中后期以来，少儿抚养比对储蓄率的影响不明显，老年抚养比的提高使得城镇居民消费率增加，在老年居民对养老金依赖程度越高的地区，老年人口的负储蓄属性越显著，该促进作用越大。第二，在对养老金依赖程度较低的区域，提高在职人员参保率，增加养老金占工资比例和降低养老保险缴费率有利于减少居民储蓄；在对养老金依赖程度高的区域，参保率也较高，居民对老年阶段生活来源的关心程度可能较高，参加养老保险可能会带来"认知效应"而使居民增加储蓄，使在职人员参保率与消费率负相关，养老保险缴费和养老金收入的影响变得不明显。

第七章 参加养老保险对主观消费感受的影响

除了家庭的客观消费支出，养老保险对参保者主观消费心理的影响也值得关注。当养老保险有利于降低参保者未来收入的不确定性进而促进消费时，参保者对待即期消费和延迟消费的主观态度可能也会发生改变，而客观消费支出的调整也会与主观消费压力的变化相互影响。相对于家庭的客观消费支出，主观消费感受更难衡量也更不容易被观测到，国内已有文献对主观消费感受的研究较少[①]。CGSS数据收集了受访者对于自身消费的一些主观看法，提供了实证检验养老保险对主观消费感受影响的机会。因此，本章探讨了社会养老保险对家庭客观消费支出与主观消费感受的影响和作用机制。

一、计量模型与变量处理

本章所使用数据为2010年CGSS数据[②]，该数据由中国人民大学组

[①] 已有文献的研究主题包括新农保对居民消费观念和耐用品消费的影响（李树良，2016），使用PSM方法检验养老保险对消费压力感知的影响（田玲和刘章艳，2017），以及消费压力与幸福感的关系（孙计领和胡荣华，2017）。
[②] 2010年数据能反映已较为完善的城镇职工养老保险以及新农保试点期的情况，因此认为研究结果仍具有参考价值。

织执行，是中国最早的综合学术调查项目，自 2003 年起以家庭为单位进行横截面调查，随机抽取一名家庭成员进行问卷回答。问卷涵盖社会、家庭、个人多个层次的内容，具有广泛的学术价值。除了基本的人口学变量和收入支出变量等，2010 年的数据还包含了本部分所需要的消费压力、消费观念和养老观念等与消费相关的主观感受变量，因此选取该年度数据进行分析。

本章使用的基本计量模型为：

$$C_i=\beta_0+D_i\beta_1+X_i\beta_2+\varepsilon_i \tag{7.1}$$

C_i 表示被解释变量，包括消费压力以及与之相关的消费支出和消费结构；D_i 表示核心解释变量，即家庭是否拥有社会养老保险；X_i 为其他控制变量；ε_i 表示扰动项。

第四章已经详细介绍过，养老保险的参保决策具有一定的自选择性，这会带来内生性问题从而造成计量模型系数估计的偏误，因此本章使用工具变量（instrumental variable）对上式进行两阶段最小二乘法（two stage least square，简称 2SLS）来解决内生性问题。本部分选取的工具变量为受访者所处社区内相应年龄组别的养老保险参与率，社区指的是受访者所处的居委会或村委会，年龄划分为 40 岁及以下、40 岁到 60 岁和 60 岁及以上三个组别，有很多文献选取了类似的工具变量来研究参保行为与消费的关系（邹红等，2013；马光荣和周广肃，2014；康书隆等，2017）。

各变量的定义如下。

1.解释变量。本部分的核心解释变量为家庭是否拥有社会养老保险，CGSS 数据在家庭内随机抽取一名 18 岁及以上的个体作为受访者，因此本部分以受访者的养老保险拥有情况代表家庭的相应情况，根据受访者是否参加城市或农村基本养老保险，将家庭区分为有或没有社会养老保险的家庭，拥有养老保险取值为1，否则取值为0。

2. 被解释变量。本部分的主要被解释变量为消费压力、消费观念、消费支出和消费结构。由于家庭经营费用支出与购买生产资料支出不属于家庭生活消费类别，并且这两类支出没有与之相对应的消费压力，因此所使用的消费数据不包含这两类。与消费压力相对应的消费类别一共有十类，分别为食品、服装、住房、家庭设备及用品、交通通信、文娱、教育、医疗、人情和赡养消费。对各类消费压力感知程度的回答和赋值分别为"1.没有压力""2.很少压力""3.一般压力""4.明显压力"和"5.非常大压力"，消费总压力为这十类消费压力的加总。家庭总消费为这十类消费的加总，消费结构为各类消费在总消费中的占比，后续分析将消费支出进行了取对数处理。消费观念主要是根据受访者对"花明天的钱，圆今天的梦，透支消费很正常"和"有了多余的钱我首先考虑的是存起来"这两个观点的同意程度进行衡量，同意程度从低到高分别为完全不同意、比较不同意、无所谓同意不同意、比较同意和完全同意，对第一种观点的同意程度越高或对第二种观点的同意程度越低就表示消费观念越开放，越倾向于即期消费。本章将第一种观点的同意程度从低到高赋值为1到5，将第二种观点的同意程度从低到高反向赋值为5到1，如果任意一种观点的赋值处于3到5，即认为消费观念相对开放，则设定消费观念相对开放程度取值1，否则取值0。

3. 控制变量。本部分的控制变量包括受访者个人特征、家庭特征和地区特征三类变量。个人特征包括性别（女性=2，男性=1）、年龄、婚姻状况（有配偶=1，否=0）、教育程度（初中及以下=1，高中或中专=2，大专及以上=3）、是否为党员（是=1，否=0）、户口类型（农业=2，非农业=1）、对当前住房是否有产权（是=1，否=0）；家庭特征包括家庭人口数、小于16岁家庭成员占比、大于等于60岁家庭成员占比、家庭非养老金收入、家庭其他房产数和家庭是否有车（是=1，否=0）；地区特征包括家庭所在地是村委会还是居委会（村委会=2，居委会=1）。

4. 机制变量。本部分选取的机制变量为家庭总收入、受访者工作状态以及养老观念。控制变量部分已经包含家庭非养老金收入，个体参加养老保险后可以在老年阶段获取养老金，在非养老金收入相同的情况下，家庭总收入水平可能会更高，后续实证分析对家庭总收入进行了对数处理。受访者工作状态用于检验养老保险是否对个体产生引致退休效应，受访者正在工作则取值1，否则取值0。养老观念主要根据受访者对"您认为有子女的老人的养老应该主要由谁负责"的回答衡量，问题可选项包括政府、子女、老人自己和前述三者均摊，当受访者回答子女时，认为其预期老年阶段主要依赖家庭养老，赋值为1，否则赋值为0。

删除核心解释变量或控制变量有缺失的观测值，最终进入分析的样本家庭数量为8365，拥有养老保险的家庭数量为3795，占比为45.37%，后续计量分析中的样本数量根据被解释变量的缺失情况稍有变化。

描述性统计如表7-1所示，可以看出，城镇地区和非农业户口持有者的养老保险参保率较高，这可能是因为样本数据为2010年，新型农村社会养老保险尚未实现全覆盖，农村居民参保率相对较低。

表 7-1 描述性统计

被解释变量	消费压力 有保险 M	消费压力 有保险 SD	消费压力 无保险 M	消费压力 无保险 SD	消费水平 有保险 M	消费水平 有保险 SD	消费水平 无保险 M	消费水平 无保险 SD	消费占比 有保险 M	消费占比 有保险 SD	消费占比 无保险 M	消费占比 无保险 SD
食品	2.83	1.28	2.94	1.27	12701.98	48255.48	8230.98	38287.24	0.33	0.19	0.31	0.19
服装	2.12	1.02	2.15	0.99	3230.37	5840.39	1739.28	3710.96	0.07	0.07	0.06	0.06
住房	2.23	1.28	2.17	1.26	11537.38	62997.11	9025.96	99486.09	0.12	0.16	0.11	0.16
用品	2.07	1.02	2.09	1.07	4673.41	19291.27	2547.18	8553.74	0.08	0.11	0.07	0.10
交通	2.23	1.06	2.24	1.05	2528.73	5240.86	1440.46	3308.56	0.06	0.06	0.05	0.05
文娱	1.59	0.84	1.44	0.77	1487.12	18080.02	308.64	2198.44	0.02	0.04	0.01	0.02
教育	2.20	1.43	2.31	1.48	3546.65	8362.30	2742.46	6707.46	0.08	0.14	0.09	0.15
医疗	2.77	1.40	2.95	1.42	4884.33	19968.74	3689.38	13376.61	0.11	0.17	0.13	0.18
人情	2.43	1.23	2.54	1.27	2504.90	5007.62	1945.43	4733.35	0.07	0.08	0.08	0.09
赡养	1.68	0.98	1.65	0.95	1261.02	4872.81	671.81	3103.00	0.33	0.19	0.31	0.19
总	22.14	7.29	22.44	6.94	47481.19	95533.31	32199.41	116330.90	—	—	—	—

被解释变量	有保险 M	有保险 SD	无保险 M	无保险 SD
消费观念	0.36	0.48	0.33	0.47

控制变量	有保险 M	有保险 SD	无保险 M	无保险 SD	控制变量	有保险 M	有保险 SD	无保险 M	无保险 SD
性别	1.49	0.50	1.53	0.50	户口	0.70	0.46	0.29	0.45
年龄	49.30	14.15	45.55	15.31	产权	0.55	0.50	0.48	0.50
配偶	0.91	0.29	0.85	0.35	人口	3.05	1.14	3.33	1.34
民族	0.06	0.23	0.12	0.33	<16	0.13	0.17	0.18	0.21
学历	1.70	0.81	1.27	0.58	>=60	0.23	0.35	0.18	0.31

（续表）

控制变量	有保险 M	有保险 SD	无保险 M	无保险 SD	控制变量	有保险 M	有保险 SD	无保险 M	无保险 SD
党员	0.20	0.40	0.07	0.25	房产	1.12	0.60	1.09	0.51
地区	1.23	0.42	1.54	0.50	有车	0.15	0.36	0.07	0.25
非养老金收入	44600.12	101848.10	30672.93	64795.04	—	—	—	—	—

机制变量	有保险 M	有保险 SD	无保险 M	无保险 SD
家庭总收入	54596.78	102735.40	32882.18	65092.64
工作状态	0.63	0.48	0.69	0.46*
养老观念	0.49	0.50	0.66	0.47

注：M表示样本平均值，SD表示样本标准差。

二、主观消费感受与客观消费支出的关系

在进入正式的实证分析之前，本部分先对主观消费感受与客观消费支出的关系进行简单讨论。一般来说，主观消费感受与客观消费支出是相互依存和相互影响的关系，本部分的主观消费感受主要指的是消费压力大小和消费观念是否开放，消费观念开放指的是个体更倾向于即期消费，消费压力的高低以及消费观念是否开放与家庭消费水平以及消费结构密切相关。

假设某类消费支出对家庭造成的压力是消费需求与预算约束共同作用的结果，客观消费支出水平通常随消费需求大小而同方向变化，预算约束通常与可支配收入的高低相关联。从绝对水平上看，消费需求较大

时，消费水平通常较高，可支配收入较多时，消费压力通常较小。将消费需求水平分为较大和较小两个层次来表示消费支出的大小，将预算约束划分为较松和较紧两个程度来表示可支配收入的高低，表7-2为不同消费需求水平与预算约束组合下可能出现的消费支出与消费压力情况。

表7-2 不同消费需求和预算约束组合下的消费支出与消费压力

		预算约束	
		松	紧
消费需求	大	消费支出：大 消费压力：小	消费支出：大 消费压力：大
	小	消费支出：小 消费压力：小	消费支出：小 消费压力：大

从相对水平上看，在同样的预算约束下，消费需求越大，消费支出通常越多，对应的消费压力也通常越大，这将表现为相同收入水平下的消费压力与消费水平成正比；在同样的消费需求或消费支出下，可供支配的收入越少，消费压力越大，这将表现为某类消费支出占比越大相应消费压力也越大。

图7-1为根据CGSS数据计算的消费水平、消费结构与消费压力的关系，消费压力变量被简化为有压力或无压力，根据问卷中关于某一类消费压力大小的原始回答，将"1.没有压力""2.很少压力"和"3.一般压力"都赋值为0，表示无压力；将"4.明显压力"和"5.非常大压力"都赋值为1，表示有压力。如图7-1所示，有消费压力的家庭无论是消费支出还是消费占比，均高于无消费压力的家庭。为了排除家庭收入水平对消费压力的影响，将家庭收入由低到高进行五等分，分别使用数字1—5表示相应的组别。可以看到，在任意一个收入水平下，上述

164

关系依然成立。这说明，当家庭中某一类消费支出较多或该类消费占比较大时，家庭相应的消费压力会更大，这与直觉相符。各类消费支出水平均随着收入水平的提高而逐渐增加，这在有压力和无压力的家庭中均成立。对于消费结构来说，服装、住房、家庭设备及用品、交通通信、文娱和赡养支出占比均随着收入水平提高而上升，食品消费的占比随收入水平提高有轻微下降的趋势，这可能是因为收入水平提高带来消费结构升级。

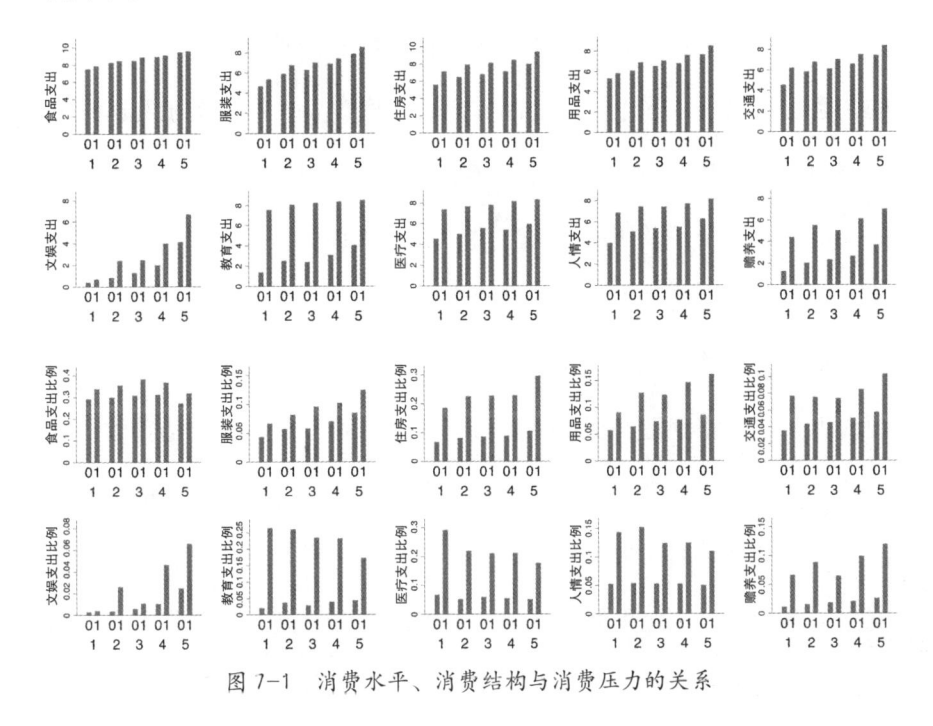

图 7-1 消费水平、消费结构与消费压力的关系

注：第 1 行和第 2 行是消费支出对数值与消费压力的关系，第 3 行和第 4 行是消费结构与消费压力的关系。纵坐标为各类消费支出对数或占比的均值，横坐标内的 0—1 标签表示无压力和有压力；1—5 标签表示收入从低到高五等分的组别，例如"1"表示家庭总收入低于20%分位数的组别。下图同。

数据来源：根据 2010 年 CGSS 数据计算。

在有压力的家庭中，教育支出、医疗支出和人情支出占比随着收入水平提高而下降，这可能是因为这几类支出与特定需求相关，一旦发生该类支出，其在数值上相对稳定，所以其占比随收入上升而下降，在无压力的家庭中，这几类支出占比较小且随收入变化的情况不明显。总的来说，图 7-1 所示的消费水平、消费结构与消费压力的关系与前文的分析一致。

图 7-2 为根据 CGSS 数据计算的消费水平、消费结构与消费观念的关系。从消费水平上看，食品支出、家庭设备及用品支出和医疗支出在消费观念开放与消费观念保守家庭内的区别较小。这可能因为食品支出和家庭设备及用品支出主要针对生活必需品，属于相对基础的消费，而医疗支出水平主要与健康需求相关，因此这几类消费支出与消费观念的相关性较弱。对于其他类别的消费，同一收入水平下消费观念更开放的家庭消费支出更多，且各类消费支出水平均随着收入水平的提高而逐渐提高。从消费结构上来说，各类别的消费比例在不同消费观念家庭内的表现差异较大。消费观念相对开放的家庭内，食品支出、医疗支出占比更低，其他类别支出占比更高，随着收入水平的提高，两类家庭消费占比的差距变大。结合消费水平来看，这是因为这几类消费支出水平受消费观念影响小，其占比随着其他类别支出的增加而被动减少。总的来说，图 7-2 所示关系能够表明消费观念越开放，个体当期消费水平通常越高。

图 7-2 消费水平、消费结构与消费观念的关系

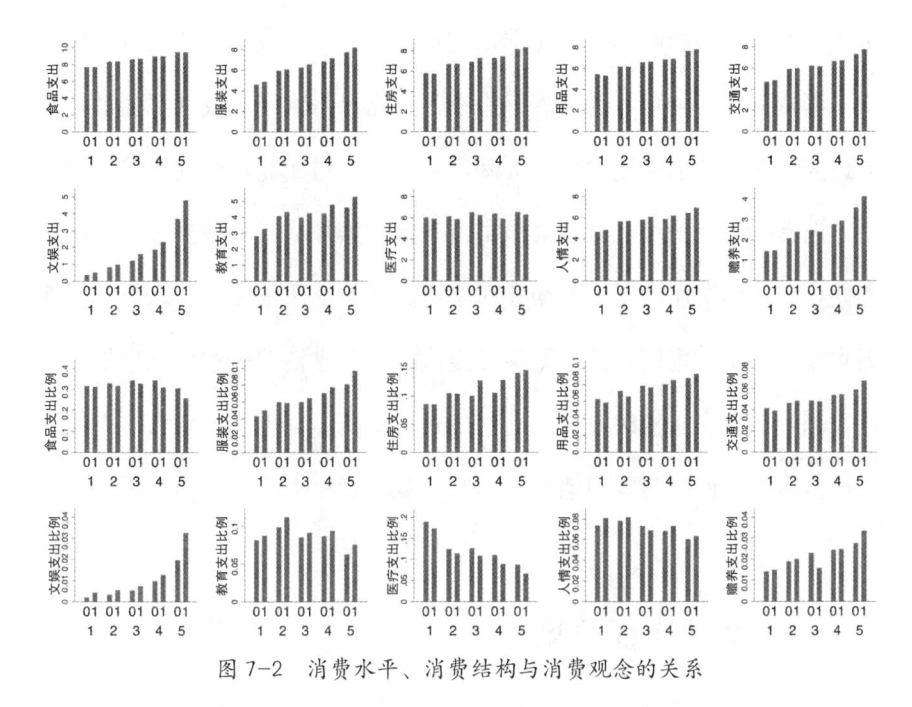

注：横坐标内的 0—1 标签表示消费观念是否开放，0 表示开放程度低，1 表示开放程度高。

数据来源：根据 2010 年 CGSS 数据计算。

上述分析可以表明，主观消费感受与客观消费支出之间存在较强的相关性。因此，养老保险在对客观消费支出产生影响的同时，也有可能影响到主观消费感受，即消费压力和消费观念。一方面，养老保险可能使家庭部分类别消费需求得到释放，也可能使各类消费需求的相对大小发生调整，从而可能造成部分类别的消费压力得到缓解或部分类别的消费压力增加。另一方面，消费观念容易受到个体的风险偏好和预期的影响，养老保险可以保证个体在老年阶段有一定的稳定收入，从而可能减少未来收入的不确定性，进而使个体的消费观念发生改变。

但是，对于同一细分类别的消费来说，养老保险对客观消费支出和

主观消费压力的影响不一定是严格同步的。对于比较基础的消费类别来说，消费支出增加可能意味着该类别消费需求得到释放或者整体消费水平提高，对应的消费压力可能会降低或不变。对于非基础的消费类别来说，消费支出增加可能意味着该类消费需求增加或者消费升级，从而可能使相应的消费压力增加。当相对基础的消费支出增加时，该类别消费需求得到满足的程度提高，则更高层次的非基础消费需求可能增加，即使非基础消费支出暂时没有显著增加，其消费压力也可能增大。下文将实证检验养老保险对客观消费支出和主观消费压力的影响和作用机制。

三、基准实证结果

本部分的基准回归包括全样本回归与分城乡样本回归。中国当前存在多种类型的养老保险，其覆盖群体和保障程度等方面均存在显著不同，城镇地区的劳动者更可能持有机关事业单位养老保险或城镇职工基本养老保险，农村地区的劳动者更可能持有新型农村社会养老保险[1]。由于本部分所使用的CGSS数据无法具体区分养老保险的种类，因此将样本划分为城镇样本与农村样本来近似代表上述两类养老保险。同时，为了避免户口类型可能给养老保险类型带来的混淆，进一步将城镇样本限制为居委会内非农业户口持有者，将农村样本限制为村委会内农业户口持有者。上述定义下的城镇样本内养老保险持有率为67.54%，农村样本内养老保险持有率为24.43%。

养老保险对主观消费感受影响的回归结果如表7-3所示，从全样本

---

[1] 本章所使用数据为CGSS 2010年度的数据，在该年度内新型农村社会养老保险尚未实现全覆盖，也尚未合并至城乡居民基本养老保险。

看，有养老保险的家庭与没有养老保险的家庭在消费压力上没有显著区别；城镇样本内，有养老保险家庭的文娱和教育支出压力更大，总压力也更大；农村样本内，消费压力在两类家庭中没有显著差异。从全样本结果可以看出，有养老保险的家庭消费观念开放的概率更高，子样本的结果不显著。

表 7-3　养老保险对主观消费感受的影响

		(1)	(2)	(3)	(4)	(5)	(6)	(7)	(8)	(9)	(10)	(11)	(12)
		总	食品	服装	住房	用品	交通	文娱	教育	医疗	人情	赡养	观念
全样本	D	0.77	0.07	0.01	0.10	0.08	0.13	0.07	0.16	−0.02	0.09	0.06	0.04*
		(0.57)	(0.11)	(0.07)	(0.09)	(0.10)	(0.08)	(0.06)	(0.12)	(0.07)	(0.10)	(0.05)	(0.02)
	N	8185	8336	8327	8327	8305	8324	8303	8276	8294	8289	8274	8340
	R^2	0.10	0.10	0.09	0.06	0.05	0.06	0.10	0.11	0.10	0.11	0.06	0.06
	F	2716	2833	2802	2843	2899	2835	2728	2787	2769	2750	2745	2873
		总	食品	服装	住房	用品	交通	文娱	教育	医疗	人情	赡养	观念
城镇样本	D	1.77*	0.07	0.17	0.14	0.14	0.24	0.28**	0.32**	0.01	0.19	0.19	0.08
		(1.07)	(0.17)	(0.13)	(0.11)	(0.13)	(0.16)	(0.11)	(0.14)	(0.11)	(0.16)	(0.12)	(0.05)
	N	3695	3769	3764	3763	3752	3763	3761	3742	3750	3749	3737	3779
	R^2	0.11	0.13	0.12	0.08	0.06	0.08	0.08	0.13	0.10	0.11	0.08	0.10
	F	647	698	691.6	697.6	664.4	710.4	678.2	702.1	670.2	669	664.7	736.6
		总	食品	服装	住房	用品	交通	文娱	教育	医疗	人情	赡养	观念
农村样本	D	−0.07	0.05	−0.15	−0.05	−0.05	−0.02	−0.06	−0.00	−0.06	0.15	0.01	0.04
		(0.72)	(0.11)	(0.14)	(0.11)	(0.12)	(0.07)	(0.09)	(0.22)	(0.09)	(0.18)	(0.06)	(0.04)
	N	3075	3128	3126	3126	3117	3122	3112	3108	3114	3107	3106	3119
	R^2	0.11	0.10	0.08	0.04	0.05	0.07	0.06	0.11	0.11	0.14	0.07	0.04
	F	4610	5643	5592	5649	5647	5685	5539	5678	4909	4671	4908	6739

注：D 为参保变量的回归结果；括号内为省份聚类稳健标准误；***、**、* 分别表示 1%、5%、10% 的显著性水平。N 表示样本数量；R^2

表示拟合优度；F表示工具变量法第一阶段回归的F统计量；所有回归均包含控制变量，限于篇幅略去了控制变量回归结果。下表同。

表7-4为养老保险对消费支出与消费结构影响的回归结果。从全样本看，有养老保险的家庭总消费支出更多；其中，食品、住房、家庭设备及用品、交通通信、文娱和赡养支出显著高于无养老保险的家庭；从统计意义上看，有养老保险家庭的文娱和医疗支出占比显著区别于无养老保险家庭，但这个区别在经济意义上非常小，仅1个百分点左右。

区分城镇和农村样本后，养老保险对消费的促进作用仍然存在。相比较而言，城镇样本内该促进作用更明显，有养老保险家庭的食品、住房、交通通信、文娱和赡养支出更多，总消费也显著高于无养老保险家庭，同时食品支出占比更低，交通通信支出占比更高。结合消费压力回归结果来看，养老保险在促进城镇家庭相对基础的消费支出的同时，使得家庭在更高层次的消费类别上产生压力，即文娱和教育消费压力，这在一定程度上反映了家庭消费的升级。

农村样本内有养老保险的家庭在家庭设备及用品支出上更多，住房支出占比更低。结合消费压力回归结果来看，有养老保险的农村家庭并没有更高的消费压力，这说明养老保险对农村家庭有一定的消费释放作用，但可能尚未达到升级其消费结构的程度。新型农村社会养老保险在2009年开始试点工作[①]，本章数据调查年度为2010年，农村居民参保率还相对较低，这可能使养老保险对农村居民消费的促进作用有限。

---

① 可参考《国务院关于开展新型农村社会养老保险试点的指导意见》（国发〔2009〕32号）。

表 7-4 养老保险对消费支出与消费结构的影响

		(1)	(2)	(3)	(4)	(5)	(6)	(7)	(8)	(9)	(10)	(11)
全样本	支出	总	食品	服装	住房	用品	交通	文娱	教育	医疗	人情	赡养
	D	0.23**	0.24***	0.22	0.40**	0.38**	0.73***	0.46**	0.19	0.12	0.36	0.47**
		(0.10)	(0.07)	(0.20)	(0.20)	(0.18)	(0.19)	(0.19)	(0.39)	(0.17)	(0.28)	(0.21)
	N	7708	8051	8015	8008	7932	8077	8017	8041	7954	8044	8027
	R^2	0.35	0.26	0.26	0.20	0.14	0.22	0.27	0.20	0.07	0.13	0.14
	F	2715	2941	2962	2810	2957	2801	2938	2854	2610	2880	2989
	占比		食品	服装	住房	用品	交通	文娱	教育	医疗	人情	赡养
	D		−0.00	−0.00	−0.00	0.01	0.00	0.00***	0.00	−0.01*	0.00	0.00
			(0.02)	(0.01)	(0.01)	(0.01)	(0.00)	(0.00)	(0.01)	(0.01)	(0.01)	(0.00)
	N		7652	7652	7652	7652	7652	7652	7652	7652	7652	7652
	R^2		0.12	0.12	0.04	0.05	0.10	0.10	0.06	0.15	0.12	0.05
	F		2656	2656	2656	2656	2656	2656	2656	2656	2656	2656
城镇样本	支出	总	食品	服装	住房	用品	交通	文娱	教育	医疗	人情	赡养
	D	0.30***	0.23***	0.16	0.41**	0.34	0.97***	0.89**	0.49	0.31	0.45	0.67*
		(0.10)	(0.07)	(0.18)	(0.18)	(0.37)	(0.22)	(0.40)	(0.45)	(0.36)	(0.51)	(0.34)
	N	3352	3580	3557	3537	3491	3588	3541	3554	3503	3568	3546
	R^2	0.28	0.15	0.25	0.12	0.12	0.19	0.24	0.23	0.09	0.14	0.14
	F	580	635.2	679.3	617.7	599.5	638.5	625.3	620.7	592.9	647.4	631.2
	占比		食品	服装	住房	用品	交通	文娱	教育	医疗	人情	赡养
	D		−0.04***	−0.00	0.02	0.01	0.01**	0.01	0.01	−0.00	0.01	0.00
			(0.02)	(0.01)	(0.02)	(0.02)	(0.01)	(0.00)	(0.02)	(0.01)	(0.01)	(0.00)
	N		3321	3321	3321	3321	3321	3321	3321	3321	3321	3321
	R^2		0.13	0.15	0.04	0.06	0.16	0.08	0.09	0.18	0.11	0.06
	F		557.5	557.5	557.5	557.5	557.5	557.5	557.5	557.5	557.5	557.5

（续表）

		(1)	(2)	(3)	(4)	(5)	(6)	(7)	(8)	(9)	(10)	(11)
农村样本	支出	总	食品	服装	住房	用品	交通	文娱	教育	医疗	人情	赡养
	D	0.05	0.08	0.24	0.13	0.32*	0.24	−0.04	−0.18	−0.08	0.14	0.32
		(0.13)	(0.11)	(0.32)	(0.24)	(0.19)	(0.20)	(0.19)	(0.73)	(0.21)	(0.33)	(0.31)
	N	2997	3069	3064	3071	3046	3083	3073	3081	3059	3073	3074
	R^2	0.34	0.22	0.25	0.14	0.15	0.26	0.09	0.20	0.07	0.17	0.16
	F	5156	4731	5754	5237	5949	5479	6031	5936	5876	5618	5162
	占比		食品	服装	住房	用品	交通	文娱	教育	医疗	人情	赡养
	D		0.00	0.00	−0.02***	0.01	−0.00	0.00	−0.00	−0.01	0.00	0.00
			(0.02)	(0.01)	(0.01)	(0.01)	(0.00)	(0.00)	(0.02)	(0.01)	(0.01)	(0.00)
	N		2979	2979	2979	2979	2979	2979	2979	2979	2979	2979
	R^2		0.09	0.08	0.04	0.06	0.07	0.04	0.06	0.14	0.15	0.04
	F		4353	4353	4353	4353	4353	4353	4353	4353	4353	4353

注：D 为参保变量的回归结果；括号内为省份聚类稳健标准误；***、**、* 分别表示 1%、5%、10% 的显著性水平。N 表示样本数量；R^2 表示拟合优度；F 表示工具变量法第一阶段回归的 F 统计量；所有回归均包含控制变量，限于篇幅略去了控制变量回归结果。

四、异质性分析

养老保险的参与过程可以分为缴纳保费阶段和领取养老金阶段，如果家庭内只存在缴纳保费的成员或者只存在领取养老金的成员，将有助于区分不同参保阶段以及不同年龄群体所受影响的异质性。对于机关事业单位养老保险或城镇职工基本养老保险的参保者而言，男性在60岁退休并开始领取养老金，女性相应的退休年龄为50岁或55岁，新型农村社会养老保险的参与者在60岁开始领取养老金。因此，本部分进一步筛选样本内只有60岁及以上成员的家庭（老年家庭）和只有60岁以下成员的家庭（非老年家庭），表7-5、表7-6和表7-7为相应的回归结果。

从表7-5的养老保险对不同家庭主观消费感受影响的回归结果可以看到，在城镇样本内，有养老保险的老年家庭在交通通信和文娱支出方面的消费压力更大，有养老保险的非老年家庭在文娱支出方面的消费压力更大；养老保险对老年及非老年家庭的消费观念影响不显著。在农村样本内，有养老保险的老年家庭在服装支出和住房支出方面的压力显著更低，在文娱消费方面压力更大，而养老保险对非老年家庭的消费压力影响不显著；养老保险使农村非老年家庭的消费观念开放的概率显著增加，对老年家庭的消费观念影响不显著。

表 7-5　养老保险对不同家庭主观消费感受的影响

	(1)	(2)	(3)	(4)	(5)	(6)	(7)	(8)	(9)	(10)	(11)	(12)
A1	总	食品	服装	住房	用品	交通	文娱	教育	医疗	人情	赡养	观念
D	1.39	−0.01	0.16	0.00	0.26	0.39**	0.43***	0.06	−0.19	0.19	0.16	0.01
	(1.31)	(0.23)	(0.12)	(0.21)	(0.28)	(0.18)	(0.15)	(0.17)	(0.28)	(0.29)	(0.18)	(0.08)
N	484	497	495	497	494	497	495	488	495	493	491	499
R^2	0.17	0.18	0.15	0.13	0.13	0.12	0.10	0.08	0.13	0.16	0.12	0.09
F	256.2	278.7	269.7	278.7	262.8	278.7	269.2	273	306.9	305.4	297.1	277.8
A2	总	食品	服装	住房	用品	交通	文娱	教育	医疗	人情	赡养	观念
D	1.47	−0.06	0.17	0.13	0.12	0.25	0.31**	0.37	−0.10	0.11	0.21	0.09
	(1.60)	(0.28)	(0.19)	(0.17)	(0.18)	(0.24)	(0.15)	(0.23)	(0.23)	(0.21)	(0.17)	(0.07)

（续表）

A2	总	食品	服装	住房	用品	交通	文娱	教育	医疗	人情	赡养	观念
N	2329	2370	2368	2366	2360	2366	2367	2356	2359	2360	2354	2,374
R²	0.08	0.16	0.08	0.06	0.05	0.04	0.08	0.05	0.12	0.09	0.08	0.09
F	243.2	253.4	253.1	255.5	246.1	259.2	252.2	256.6	244.1	247.9	247.3	262.9
B1	总	食品	服装	住房	用品	交通	文娱	教育	医疗	人情	赡养	观念
D	0.12	0.07	−0.28**	−0.28*	0.05	0.19	0.14**	−0.08	−0.05	0.25	−0.01	0.12
	(1.34)	(0.29)	(0.13)	(0.16)	(0.29)	(0.23)	(0.06)	(0.16)	(0.41)	(0.25)	(0.10)	(0.08)
N	307	316	316	316	315	314	312	311	311	311	312	315
R²	0.22	0.14	0.17	0.12	0.15	0.13	0.16	0.19	0.16	0.17	0.18	0.13
F	277.5	278.8	278.8	278.8	276.9	275.9	274	282.1	288.2	270.3	277.4	282.6
B2	总	食品	服装	住房	用品	交通	文娱	教育	医疗	人情	赡养	观念
D	0.12	0.05	−0.13	−0.03	−0.02	−0.01	−0.07	0.06	−0.02	0.18	0.04	0.06*
	(0.89)	(0.15)	(0.19)	(0.16)	(0.16)	(0.07)	(0.11)	(0.34)	(0.10)	(0.20)	(0.07)	(0.04)
N	1923	1948	1947	1946	1943	1948	1942	1940	1944	1938	1937	1,942
R²	0.10	0.13	0.08	0.05	0.05	0.06	0.07	0.09	0.11	0.14	0.06	0.05
F	3498	3510	3500	3457	3567	3510	3577	3553	3547	3414	3437	3441

注：A1和A2分别表示城镇样本中的老年家庭和非老年家庭；同样地，B1和B2分别表示农村样本中的两类家庭，下表同。D为参保变量的回归结果；括号内为省份聚类稳健标准误；***、**、*分别表示1%、5%、10%的显著性水平。N表示样本数量；R^2表示拟合优度；F表示工具变量法第一阶段回归的F统计量；所有回归均包含控制变量，限于篇幅略去了控制变量回归结果。

至于客观消费支出，从表7-6和表7-7可以看出，城镇老年家庭的消费支出受养老保险的影响显著且影响程度较大，有养老保险的老年家庭在食品、交通通信、文娱、医疗和人情支出方面大幅度高于无养老保险的家庭，交通通信、文娱和人情支出占比显著更高。有养老保险的城镇非老年家庭的食品、住房和交通通信支出更多，食品支出占比更低，交通通信支出占比更高。类似地，有养老保险的农村老年家庭在服装、家庭设备和用品、交通通信支出和人情方面的支出显著更多，住房支出占比更低。农村非老年家庭消费支出受养老保险的影响不显著，有养老保险的家庭住房支出占比更低。

同时对照养老保险对主观消费感受和客观消费支出影响的回归结果来看，养老保险使家庭多个细分类别的消费支出显著高于无保险家庭，其中既有相对基础的食品、家庭设备及用品支出，也有更偏向休闲性质的文娱支出等。而在消费压力方面，相对基础的服装和住房支出压力在有养老保险的家庭内更小，相对高层次的文娱支出压力在有养老保险的家庭内更大。这说明，养老保险促进了家庭消费，减轻了家庭基础消费的压力（主要是农村老年家庭），使其有机会关注到更高层次的消费类别，有助于促进消费升级。消费观念方面，农村的非老年家庭受影响更显著，这可能是因为农村居民本身消费观念相对保守，劳动年龄人口参保后对老年阶段的预期发生改变，从而使消费观念变得更开放。

与基准回归结果类似，城镇样本内参保家庭与非参保家庭的消费支出和消费压力的差距更明显，存在差距的消费类别较多，该差距在老年家庭与非老年家庭子样本内均存在。农村样本内，老年家庭的消费支出和消费压力受养老保险的影响更显著，非老年家庭的消费支出和消费压力在参保和非参保家庭之间没有显著区别。总的来说，养老保险对老年家庭的消费刺激作用更大,无论是城镇样本还是农村样本,有养老保险的老年家庭在部分类别的消费支出方面大幅度高于无保险家庭。

表7-6 养老保险对城镇不同家庭消费支出与消费结构的影响

		(1)	(2)	(3)	(4)	(5)	(6)	(7)	(8)	(9)	(10)	(11)
	支出	总	食品	服装	住房	用品	交通	文娱	教育	医疗	人情	赡养
	D	0.36*	0.44***	0.33	−0.06	0.37	2.14***	1.06**	−0.24	1.07**	1.91***	0.72
		(0.20)	(0.15)	(0.58)	(0.47)	(0.72)	(0.56)	(0.42)	(0.60)	(0.50)	(0.81)	(0.57)
	N	420	463	458	445	441	464	451	449	441	458	451
	R^2	0.24	0.20	0.16	0.19	0.17	0.14	0.21	0.10	0.08	0.16	0.15
	F	306.3	285.6	280.1	316	281.1	293.3	297.1	302	264.3	265.5	264.6
A1	占比		食品	服装	住房	用品	交通	文娱	教育	医疗	人情	赡养
	D		−0.05	−0.00	−0.00	−0.00	0.02***	0.02*	−0.01	0.01	0.03**	−0.00
			(0.04)	(0.01)	(0.03)	(0.03)	(0.01)	(0.01)	(0.02)	(0.05)	(0.01)	(0.01)
	N		417	417	417	417	417	417	417	417	417	417
	R^2		0.14	0.11	0.12	0.14	0.27	0.13	0.09	0.17	0.09	0.06
	F		300.3	300.3	300.3	300.3	300.3	300.3	300.3	300.3	300.3	300.3
	支出	总	食品	服装	住房	用品	交通	文娱	教育	医疗	人情	赡养
	D	0.29**	0.21**	0.28	0.55**	0.48	0.99***	0.88	0.36	−0.22	−0.28	0.89
		(0.14)	(0.09)	(0.26)	(0.21)	(0.42)	(0.27)	(0.61)	(0.67)	(0.59)	(0.56)	(0.58)
	N	2155	2274	2263	2257	2236	2285	2258	2271	2245	2276	2265
	R^2	0.32	0.18	0.23	0.12	0.12	0.19	0.26	0.12	0.06	0.14	0.12
	F	232	239.2	257.4	238.2	234	236.4	237.9	241.9	228.6	244.2	243.6
A2	占比		食品	服装	住房	用品	交通	文娱	教育	医疗	人情	赡养
	D		−0.05*	0.00	0.02	0.01	0.02**	0.00	0.01	−0.01	0.00	0.01
			(0.03)	(0.01)	(0.02)	(0.02)	(0.01)	(0.00)	(0.02)	(0.02)	(0.01)	(0.01)
	N		2133	2133	2133	2133	2133	2133	2133	2133	2133	2133
	R^2		0.14	0.13	0.05	0.06	0.15	0.12	0.05	0.08	0.12	0.06
	F		224.4	224.4	224.4	224.4	224.4	224.4	224.4	224.4	224.4	224.4

注：A1和A2分别表示城镇样本中的老年家庭和非老年家庭。D为

参保变量的回归结果；括号内为省份聚类稳健标准误；***、**、* 分别表示1%、5%、10%的显著性水平。N表示样本数量；R^2表示拟合优度；F表示工具变量法第一阶段回归的F统计量；所有回归均包含控制变量，限于篇幅略去了控制变量回归结果。

表7-7　养老保险对农村不同家庭消费支出与消费结构的影响

		(1)	(2)	(3)	(4)	(5)	(6)	(7)	(8)	(9)	(10)	(11)
	支出	总	食品	服装	住房	用品	交通	文娱	教育	医疗	人情	赡养
	D	0.25	0.04	1.69***	0.57	0.68*	1.15*	0.24	−0.51	−0.05	0.95*	−0.17
		(0.20)	(0.28)	(0.62)	(0.55)	(0.38)	(0.62)	(0.31)	(0.52)	(0.45)	(0.50)	(0.38)
	N	304	310	311	309	310	314	313	314	309	313	313
	R^2	0.31	0.21	0.14	0.20	0.17	0.23	0.25	0.25	0.11	0.19	0.17
	F	289.2	285.3	290.3	304.6	301.5	275.3	278.4	277.6	310.3	280.2	278.4
B1	占比		食品	服装	住房	用品	交通	文娱	教育	医疗	人情	赡养
	D		−0.02	0.01	−0.05**	0.02	0.01	0.00	0.00	−0.02	0.02	−0.00
			(0.05)	(0.01)	(0.03)	(0.01)	(0.01)	(0.00)	(0.02)	(0.06)	(0.02)	(0.01)
	N		302	302	302	302	302	302	302	302	302	302
	R^2		0.25	0.08	0.10	0.14	0.15	0.19	0.18	0.13	0.16	0.15
	F		306.2	306.2	306.2	306.2	306.2	306.2	306.2	306.2	306.2	306.2
	支出	总	食品	服装	住房	用品	交通	文娱	教育	医疗	人情	赡养
	D	−0.02	0.04	0.05	−0.07	0.19	0.05	−0.17	−0.00	−0.07	0.03	0.20
		(0.14)	(0.09)	(0.30)	(0.25)	(0.23)	(0.17)	(0.15)	(0.90)	(0.26)	(0.33)	(0.31)
B2	N	1874	1915	1916	1920	1901	1925	1917	1920	1906	1915	1,920
	R^2	0.30	0.19	0.21	0.14	0.15	0.20	0.11	0.14	0.07	0.14	0.16
	F	3470	3273	3295	3279	3373	3166	3371	3372	3361	3578	3357

（续表）

	占比	食品	服装	住房	用品	交通	文娱	教育	医疗	人情	赡养
B2	D	0.01	−0.00	−0.02**	0.01	−0.00	−0.00	0.00	−0.00	−0.00	0.00
		(0.02)	(0.01)	(0.01)	(0.01)	(0.01)	(0.00)	(0.03)	(0.02)	(0.01)	(0.01)
	N	1862	1862	1862	1862	1862	1862	1862	1862	1862	1,862
	R^2	0.10	0.07	0.05	0.06	0.07	0.06	0.05	0.07	0.17	0.04
	F	3317	3317	3317	3317	3317	3317	3317	3317	3317	3317

注：B1和B2分别表示农村样本中的老年家庭和非老年家庭。D为参保变量的回归结果；括号内为省份聚类稳健标准误；***、**、*分别表示1%、5%、10%的显著性水平。N表示样本数量；R^2表示拟合优度；F表示工具变量法第一阶段回归的F统计量；所有回归均包含控制变量，限于篇幅略去了控制变量回归结果。

五、稳健性检验

工具变量法所需要的识别假设是工具变量相对外生，工具变量仅通过内生变量这一条途径来影响被解释变量。同时，如果其他解释变量也存在内生性，仅使用一个工具变量的回归结果仍然有可能存在偏差。本章的核心解释变量为"是否拥有社会养老保险"，其他解释变量中，属于人口学特征和地区特征的变量可以视为相对外生，而家庭收入与资产变量仍然可能存在一定的内生性。比如，家庭对各类收入以及资产的预期既有可能跟当前收入和资产相关，也有可能跟当前消费相关。

因此，为了避免收入与资产变量引入新的内生性，本部分将收入与资产变量删除后重新进行回归，全样本的回归结果如表 7-8 所示。可以看出，表 7-8 中仅部分消费压力变得显著，而其他客观消费支出与占比的回归结果与基准回归中添加收入与资产变量的回归结果基本一致，上述分析依然成立。

虽然无法直接检验工具变量的外生性，但从逻辑上看，选取家庭所在社区内相应年龄组别的平均养老保险参与率作为参保状态的工具变量是可行的。邹红等（2013）认为经济个体是否参加社会养老保险与其所在地区的经济状况与养老保险政策实施情况是密切相关的，而经济状况与政策实施情况并不会直接作用到微观家庭的消费行为上，马光荣和周广肃（2014）也持有类似观点。因此，本章选取的工具变量是可行的。

表 7-8 稳健性检验

压力	(1)总	(2)食品	(3)服装	(4)住房	(5)用品	(6)交通	(7)文娱	(8)教育	(9)医疗	(10)人情	(11)赡养
D	0.72	0.04	0.01	0.11	0.10	0.16**	0.10*	0.11	−0.04	0.08	0.06
	(0.60)	(0.11)	(0.07)	(0.09)	(0.10)	(0.08)	(0.06)	(0.12)	(0.08)	(0.10)	(0.05)
N	9592	9786	9774	9775	9744	9771	9750	9709	9731	9718	9703
R^2	0.08	0.09	0.08	0.05	0.04	0.05	0.09	0.10	0.09	0.10	0.06
F	3365	3379	3351	3359	3495	3384	3264	3338	3346	3356	3307
支出	总	食品	服装	住房	用品	交通	文娱	教育	医疗	人情	赡养
D	0.22*	0.26***	0.29	0.45**	0.45***	0.74***	0.52**	0.17	0.14	0.38	0.44**
	(0.11)	(0.08)	(0.23)	(0.21)	(0.21)	(0.21)	(0.23)	(0.41)	(0.17)	(0.28)	(0.22)
N	8373	9163	9062	8815	8729	9088	8850	8816	8728	9005	8832
R^2	0.30	0.24	0.23	0.19	0.12	0.19	0.25	0.19	0.07	0.11	0.13
F	2914	3595	3464	2789	3117	3256	3021	2916	2673	3344	3142

（续表）

占比	食品	服装	住房	用品	交通	文娱	教育	医疗	人情	赡养
D	−0.01	−0.00	−0.00	0.01	0.00	0.00***	0.00	−0.01	0.00	0.00
	(0.02)	(0.00)	(0.01)	(0.01)	(0.00)	(0.00)	(0.01)	(0.01)	(0.01)	(0.00)
N	8305	8305	8305	8305	8305	8305	8305	8305	8305	8305
R^2	0.10	0.11	0.03	0.03	0.06	0.09	0.06	0.14	0.11	0.04
F	2865	2865	2865	2865	2865	2865	2865	2865	2865	2865

注：D为参保变量的回归结果；括号内为省份聚类稳健标准误；***、**、*分别表示1%、5%、10%的显著性水平。N表示样本数量；R^2表示拟合优度；F表示工具变量法第一阶段回归的F统计量；所有回归均包含控制变量，限于篇幅略去了控制变量回归结果。

六、影响机制检验

本部分主要从家庭总收入、受访者工作状态和养老观念的角度考察养老保险对于消费的影响渠道，以机制变量作为被解释变量进行两阶段最小二乘法估计的结果如表7-9所示。整体来看，养老保险有利于提高家庭总收入和降低家庭养老的预期，这在全样本和城镇样本中显著，在农村样本中不显著，这可能是因为新型农村社会养老保险在2010年时的覆盖率相对较低，所发挥的作用受限。工作状态变量在全样本与子样本内均不显著。本章的机制分析结果也与第四章的机制分析结果相一致，即养老保险可以通过增加家庭总收入和降低家庭养老依赖程度来促进家庭消费。

表 7-9　机制分析结果

	全样本			城镇			农村		
	(1)	(2)	(3)	(1)	(2)	(3)	(1)	(2)	(3)
	收入	工作	养老观念	收入	工作	养老观念	收入	工作	养老观念
D	0.33***	−0.01	−0.13***	0.31***	−0.02	−0.21***	0.01	0.02	−0.02
	(0.10)	(0.02)	(0.04)	(0.11)	(0.03)	(0.04)	(0.03)	(0.03)	(0.04)
N	8365	8365	8331	3786	3786	3769	3136	3136	3124
R^2	0.38	0.31	0.13	0.33	0.41	0.07	0.87	0.14	0.05
F	2873	2873	2993	710.6	710.6	763.3	6903	6903	6963

注：D 为参保变量的回归结果；括号内为省份聚类稳健标准误；***、**、* 分别表示 1%、5%、10% 的显著性水平。N 表示样本数量；R^2 表示拟合优度；F 表示工具变量法第一阶段回归的 F 统计量；所有回归均包含控制变量，限于篇幅略去了控制变量回归结果。

七、本章小结

前几章重点分析了养老保险对于客观消费支出的影响，本章根据 CGSS 调查问卷的相关问题，选取消费压力以及消费观念作为主观消费感受变量进行实证分析。无论从逻辑上还是从经验感受上看，主观消费感受都与客观消费支出有着密不可分的关系，对主观消费感受进行分析有利于更全面地了解养老保险对家庭消费的影响。

本章使用 2010 年 CGSS 调查数据实证检验了养老保险对家庭主观消费感受与客观消费支出的影响，该数据为横截面数据，因而模型的比较对象为有养老保险的家庭与无养老保险的家庭。由于参保这一行为具有一定程度的自选择性，因此本章使用受访者所处社区内相应年龄组别的平均养老保险参与率来作为是否参保的工具变量，以减少内生性问题的影响，从而减少回归结果的偏差。

CGSS调查问卷仅询问受访者是否拥有社会养老保险，并未细分具体保险类型，因此本章的实证分析在使用全样本的基础上还区分了城镇样本与农村样本，用来代表不同类型的养老保险。结果显示，养老保险既对客观消费支出有影响，也对主观消费感受有影响。城镇样本受养老保险的影响比农村样本更明显，这可能是2010年的农村居民参保率较低造成的，城镇参保家庭有多个类别的消费支出显著高于未参保家庭，部分类别的消费压力也高于未参保家庭。整体来看，养老保险对客观消费支出的影响较明显，消费压力受影响较小，仅城镇样本家庭的文娱和教育压力显著增大，据此可以推断，参保家庭更关注较高层次的消费类别从而容易产生压力。同时，参保家庭的消费观念更开放，即在当期消费和延期消费之间更倾向于前者。

根据家庭成员的年龄构成，进一步筛选样本中的老年家庭和非老年家庭进行异质性分析。结果显示，老年家庭消费受养老保险的影响更明显，这也反映了养老保险确实在一定程度上保障了居民的老年生活。无论是城镇还是农村老年参保家庭，其部分类别的消费支出均显著高于非参保家庭。对于非老年家庭来说，养老保险对城镇非老年家庭的消费支出有促进作用，也使家庭在文娱支出上有更大压力；养老保险对农村非老年家庭的消费支出和消费影响不显著，但显著改变了其消费观念，使家庭消费观念更开放。据此可以推断，随着农村居民参保时间的增加以及参保率的提高，养老保险对农村家庭消费的刺激作用可能会逐渐显现，第四章的结果也在一定程度上印证了这一点。机制分析结果与前面章节的结果也相一致,可以推断养老保险主要通过增加家庭收入和改变养老预期来刺激家庭消费,但是可能由于本章所使用的数据调查年份较早,农村参保率较低,机制变量仅在城镇样本内显著。

第八章　结论与政策建议

一、主要结论

家庭消费是与居民福利状况息息相关的重要问题，受到诸多因素的影响。从整个生命周期来看，经济个体在工作年龄阶段赚取劳动收入并将其分配至工作阶段以及退出劳动市场后的老年阶段。养老保险的参保个体在劳动年龄阶段缴费，在老年阶段获取稳定的养老金收入，这在一定程度上保障了经济个体的老年生活来源。因此，养老保险不仅会影响到老年群体的消费，也会影响到缴费群体的消费。随着中国老龄化程度的加深和预期寿命的延长，老年人口比例不断提高，经济个体的老年阶段在整个生命周期中的比重也越来越大，养老保险对经济个体的保障作用也越来越凸显。因此，研究养老保险对中国家庭消费的影响具有重要的理论价值与现实意义。本书梳理了相关文献，基于中国消费水平偏低的事实与养老保险制度发展现状，提出基本理论分析，认为养老保险可以通过多种机制引起家庭消费的变化。本书利用多个微观数据库以及省级面板数据，多维度分析了养老保险对中国家庭消费的影响，并进行了相关的机制检验，得到的主要结论如下。

第一，从养老保险对家庭消费的影响效果来看，微观个体的参保行为会使家庭消费水平高于自身未参保时的状态，同时也会高于其他未参保家庭，省级参保状况的差异会造成省份平均消费率的不同；参保家庭与非参保家庭的主观消费感受存在差别。

城乡居民基本养老保险政策的实施对于未参保个体来说相当于一次政策冲击，个体或家庭的参保状态可以实现"从无到有"的转换。基于此，本书使用 CHARLS 数据与 PSM-DID 方法检验了家庭参保后的消费变化，结果显示家庭消费水平会高于未参保时的状态；随着参保时长的增加，养老保险对家庭消费的影响依然存在，不同类别消费细项的变化规律存在差异性。家庭参保对耐用品支出的影响不显著，非耐用品支出和总消费支出在家庭参保初期变化不明显，在参保中后期显著增加且幅度逐渐变大；医疗支出无论在参保初期还是中后期，均显著高于未参保时的水平，且随着参保时长的增加而继续上升；休闲支出仅在家庭参保初期显著上升，随着参保时长的增加，休闲支出水平与参保前状态无显著差异，家庭转向增加兼具工作性质与休闲性质的支出类别以及烟酒类支出；家庭日常支出与教育支出整体变化不显著。

使用 2010 年 CGSS 数据对参保家庭与非参保家庭进行横向比较，结果显示参保家庭的总消费支出显著高于非参保家庭，这个结论对大部分的消费细项也成立，仅服装、教育、医疗和人情支出在两类家庭内无显著区别；城镇参保家庭与非参保家庭消费水平的差异更显著，由于数据调查年份内新型农村社会养老保险仍处于试点期，因此农村样本内两类家庭的消费差异较小。

使用省级面板数据对城镇职工基本养老保险宏观参保情况与居民平均消费率的关系进行检验，结果显示在职人员参保率和缴费率与消费率负相关，老年人口参保率和替代率与消费率正相关。这说明养老保险对在职参保人员和离退人员的影响可能存在差异，进而使其消费率存在差别，这些差别反映到宏观层面的加总平均水平时，会使省级平均消费率受到不同人群参保率的影响；缴费率和替代率会对个体的预算约束产生方向相反的影响，从而对消费率的作用方向也不同。从主观消费感受来说，参保家庭与非参保家庭相比，消费观念更加开放，更偏好即期消费；城镇样本内的参保家庭在文娱支出和教育支出方面的消费压力更大。

第二，将参保阶段区分为缴费阶段（或工作阶段）和领取阶段（或退休阶段），家庭由无保险状态转换至缴费阶段或领取阶段后的家庭消费变化存在异质性，进一步由缴费阶段转换至领取养老金阶段时也会对消费行为进行调整。

城乡居民基本养老保险在实施初期规定，已经年满60周岁的居民可以直接领取养老金，其养老金主要是政府支付的基础养老金。对于直接领取养老金或仅缴费一年至两年即领取养老金的家庭，其消费水平相较于参保前有所上升，医疗支出无论在参保初期还是中后期均显著增加，家庭在参保初期会增加休闲支出，在参保中后期会转向更为常规且兼具工作或休闲性质的消费类别。由无保险状态转换至缴费阶段的家庭，整体非耐用品支出显著增加，且变化幅度随参保时长增加而递增，医疗支出无论在参保初期还是中后期均显著增加，工作休闲类支出仅在参保初期增加。

机关事业单位养老保险或城镇职工基本养老保险的参保家庭由工作阶段转换至退休阶段时，整体非耐用品支出显著下降，其中医疗支出显著上升而休闲支出和教育支出显著下降，休闲支出占比显著下降。城乡居民基本养老保险的参保家庭由缴费阶段转换至领取阶段时，仅烟酒支出显著下降。

据此可以推断，无论家庭处于哪一个参保阶段，家庭消费水平都在不同程度上高于未参保状态，缴费阶段家庭的非耐用品支出变化更显著。参保家庭由缴费阶段向领取阶段转换时，家庭消费水平的调整方向和幅度会因参保类别的不同而产生差异，机关事业单位养老保险和城镇职工基本养老保险的参保家庭会整体减少消费，城乡居民基本养老保险参保家庭的整体消费变化不显著。

第三，由于多方面的原因，空巢中老年家庭结构可能会越来越普遍，将家庭类型区分为空巢家庭与非空巢家庭有助于观察养老保险对中老年个体消费行为的影响，将不同参保人群或家庭类型进行区分后，结果呈现异质性。

空巢中老年家庭参加城乡居民基本养老保险后，整体消费水平较参保前变化不显著，仅医疗支出和烟酒支出在参保初期暂时增加；非空巢家庭同时包含中老年个体及其子女，参保行为使家庭教育支出显著增加，工作休闲类支出在参保初期显著增加。当城乡居民基本养老保险的参保空巢家庭由缴费阶段转换至领取阶段时，医疗支出显著上升，其他类别的消费支出以及总支出均无显著变化，消费结构也未显著改变；非空巢家庭在经历参保阶段转换时，整体消费水平显著下降，烟酒支出占比显著降低。对于机关事业单位养老保险或城镇职工基本养老保险的参保空巢家庭来说，从缴费阶段转换至退休阶段时，整体消费水平显著下降，工作休闲类支出占比显著降低；非空巢家庭退休后的消费水平及消费结构变化不显著。

在进行参保家庭和非参保家庭的横向比较时，区分了只有60岁及以上老年人的家庭和只有60岁以下人口的非老年家庭。结果显示，无论是城镇还是农村的参保老年家庭，其整体消费水平或部分类别消费水平均高于非参保家庭，城镇老年参保家庭的整体消费水平更高，在交通和文娱支出方面的压力更大；农村老年参保家庭的服装、家庭设备及用品、交通和人情类支出高于非参保家庭，在文娱支出方面的压力更大，在服装和住房方面的压力更小；城镇非老年参保家庭消费水平高于非参保家庭，在文娱支出方面的压力更大；农村非老年参保家庭与非参保家庭的消费水平和消费压力无显著区别，但消费观念更开放。

由此可以推断，老年家庭或空巢中老年家庭的消费需求类别与非老年家庭有所区别，老年家庭的消费行为可能更加谨慎，对收入下降敏感而对收入增加较为不敏感，但整体来说参保老年家庭的消费水平仍然高于非参保老年家庭。

第四，本书从理论上分析了养老保险对中国家庭消费存在的多维度影响并总结了主要作用机制。机制检验的结果显示，养老保险可以通过改变家庭收入、劳动力供给和老年生活来源预期来影响消费行为，其中劳动力供给变量可以分为主观工作意愿和客观工作状态。

对于参加城乡居民基本养老保险的家庭来说，当家庭从无保险状态转换至缴费状态时，家庭的主观工作意愿下降，即受访者计划在身体健康的情况下一直工作的概率下降，同时家庭预期未来老年阶段主要生活来源为养老金的概率上升，家庭客观工作状态和收入状况没有显著变化。当家庭由无保险状态到直接开始领取养老金或仅缴费一年至两年即领取城乡居民基本养老保险的养老金时，家庭总收入显著增加，家庭以养老金作为老年主要生活来源的概率显著上升，劳动力供给的变化不显著。当城乡居民基本养老保险的参保家庭由缴费阶段转换至领取阶段时，对于全样本来说机制变量的变化不显著，区分为空巢家庭和非空巢家庭后，结果显示非空巢家庭的工作概率和家庭收入显著下降。据此推断，参保阶段的转换会产生"引致退休效应"，使非空巢家庭主动减少劳动力供给进而使家庭收入减少，对家庭消费产生抑制作用。当机关事业单位养老保险或城镇职工基本养老保险的参保家庭退休后，户主工作概率显著降低，对于空巢中老年家庭来说，家庭总收入水平也显著下降，非空巢家庭的总收入在户主退休后变化不显著。当横向比较参保家庭与非参保家庭时，可以看到参加社会养老保险的城镇家庭收入更高，依赖家庭养老的概率更低，农村样本的机制变量在两类家庭中无显著差别。综上，可以推断养老保险能够通过多个渠道对中国家庭消费产生影响。

二、政策建议

根据上述研究结论，本书提出以下政策建议。

第一，进一步调动居民参保积极性，提高社会养老保险参保率。从实证结果来看，家庭参加任意一种社会养老保险都会使家庭消费水平高于非参保家庭，同时无论家庭处于缴费阶段还是领取阶段，其消费水平也均高于自身参保前状态。因此，扩大养老保险覆盖面，有助于促进居民消费。通常情况下，养老金收入越高，其对参保者的保障作用就越强。一方面，参保者的缴费水平越高，缴费时间越长，个人账户积累越多，可领取的养老金也越多；另一方面，城镇职工基本养老保险的养老金水平一般来说要高于城乡居民基本养老保险的养老金水平。因此，在鼓励居民参加养老保险的同时，还需要鼓励居民适当提高缴费水平和延长缴费时间，即"多缴多得，长缴多得"；对于收入较高的居民，其可负担的缴费水平也相对较高，可以鼓励其参加或转至城镇职工基本养老保险，以获取更高的保障水平。

第二，通过延迟退休或弹性退休等形式来调整退休年龄。机关事业单位养老保险或城镇职工基本养老保险的参保家庭在经历参保阶段转换时，家庭收入减少，消费水平会向下波动。通过延迟退休或由参保个体自主选择退休年龄的方式可以使工作时间延长，家庭可以保持相对较高的收入水平，这可能有助于减弱退休冲击对家庭消费带来的负向影响。缴费阶段的城乡居民基本养老保险参保者的主观工作意愿下降，由缴费阶段转换至领取阶段时非空巢家庭的客观劳动力供给也显著减少。据此可以推断，当参保者能够自主选择劳动供给时，领取养老金可能会对参保者的劳动力供给产生替代效应。如果实施弹性退休制度，一部分参保者可能会自主选择更早退休以获取更多休闲时间，而另一部分参保者可能会选择更晚退休以获取更多收入，这也有助于充分利用老年劳动力资源。

第三，根据中老年群体的消费特点，提供相应产品及服务。CHARLS数据的受访者为45岁及以上个体与其配偶，以该数据进行分析得到的结论更适用于中老年家庭。本书的分析结果显示，家庭新加入城乡居民基本养老保险后的医疗支出显著上升，休闲支出仅在参保初期暂时性增加，户主退休后家庭医疗支出会显著增加而休闲支出会显著下降，这说明中老年家庭的健康需求较大而休闲娱乐需求容易受到挤占和压缩。因此，需要关注中老年人群的健康状况和医疗需求，强化社区健康保健知识的推广普及，加快社区卫生服务体系的建设，以方便中老年人及时体检或就医；也需要了解中老年人群的休闲娱乐需求，开发相应的产品与服务，并提供更多的社区公共娱乐活动场所和项目。空巢中老年群体的消费行为相对更加谨慎，子女不在身边会使其缺少精神慰藉和日常照料，因此需要更加关注该类群体的消费需求和生活状况，可以通过社区开展相关活动增加交流机会，使中老年人可以互相陪伴和照顾，同时推进智能手机等电子产品的适老化改革，以方便空巢的中老年人与子女或其他亲属和朋友的联系，以及日常休闲娱乐及电子支付等活动。

第四，加速建立多层次的养老保险体系，充分发挥养老保险对家庭养老的补充作用。"老有所养"是关系到经济个体老年阶段福利水平的重要指标，而对老年经济来源的稳定预期也有助于释放工作个体的消费。随着社会的发展，家庭养老方式能够提供的物质资源及照料时间受到限制，父母与子女不同住的情况越来越普遍，居民对养老保险的依赖性提高，而对家庭养老的依赖性降低。养老保险有助于减少参保者未来的不确定性，可以通过多种渠道影响居民消费。在完善基本养老保险制度的基础上，加速发展企业年金以及个人储蓄性养老保险等，有助于拓宽老年阶段收入来源及分散风险，也有助于满足那些对养老保险有更高需求的人群。从长期来看，这能够进一步稳定居民预期并释放消费，也能够减轻人口老龄化给社会保障体系带来的压力。

参考文献

[1] 白重恩，李宏彬，吴斌珍. 医疗保险与消费：来自新型农村合作医疗的证据 [J]. 经济研究，2012a, 47(02): 41-53.

[2] 白重恩，吴斌珍，金烨. 中国养老保险缴费对消费和储蓄的影响 [J]. 中国社会科学，2012b, (08): 48-71+204.

[3] 北京大学中国经济研究中心宏观组，易纲，汤弦，等. 中国社会养老保险制度的选择：激励与增长 [J]. 金融研究，2000 (05): 1-12.

[4] 沈坤荣，谢勇. 不确定性与中国城镇居民储蓄率的实证研究 [J]. 金融研究，2012 (03): 1-13.

[5] 沈毅，穆怀中. 新型农村社会养老保险对农村居民消费的乘数效应研究 [J]. 经济学家，2013 (04): 32-36.

[6] 陈强. 高级计量经济学及stata应用（第二版）[M]. 北京：高等教育出版社，2014.

[7] 陈仕强，时文朝. 城乡居民储蓄心态趋于平稳——全国第二次储蓄意向抽样问卷调查的汇总分析 [J]. 银行与企业，1990 (08): 36-38.

[8] 邓可斌，易行健. 预防性储蓄动机的异质性与消费倾向的变化——基于中国城镇居民的研究 [J]. 财贸经济，2010 (05): 14-19+135.

[9] 樊彩耀. 完善社会保障体系 促进居民消费增长[J]. 宏观经济研究, 2000 (07): 53-57.

[10] 范辰辰, 李文. "新农保"如何影响农村居民消费——以山东省为例[J]. 江西财经大学学报, 2015 (01): 55-65+130.

[11] 范剑平, 向书坚. 我国城乡人口二元社会结构对居民消费率的影响[J]. 管理世界, 1999 (05): 35-38+63.

[12] 封进. 中国养老保险体系改革的福利经济学分析[J]. 经济研究, 2004 (02): 55-63.

[13] 甘犁, 刘国恩, 马双. 基本医疗保险对促进家庭消费的影响[J]. 经济研究, 2010, 45(S1): 30-38.

[14] 宫晓霞. 新型农村社会养老保险制度建设中的财政支持研究[J]. 财政研究, 2011 (08): 35-37.

[15] 顾海兵, 张实桐. 试论社会保障水平与消费水平的不相关[J]. 经济学家, 2010 (01): 86-93.

[16] 顾文静. 新型农村养老保险制度参保激励因素分析——基于广东省佛山市的调查[J]. 人口与经济, 2012 (01): 86-90+104.

[17] 郭长林. 积极财政政策、金融市场扭曲与居民消费[J]. 世界经济, 2016, 39(10): 28-52.

[18] 杭斌, 申春兰. 中国农户预防性储蓄行为的实证研究[J]. 中国农村经济, 2005 (03): 44-52.

[19] 何晖, 李小琴. 新农保政策对农村居民消费的影响评估[J]. 江西财经大学学报, 2020 (03): 61-72.

[20] 何立新, 封进, 佐藤宏. 养老保险改革对家庭储蓄率的影响：

中国的经验证据 [J]. 经济研究, 2008, 43(10): 117-130.

[21] 何樟勇, 袁志刚. 基于经济动态效率考察的养老保险筹资模式研究 [J]. 世界经济, 2004 (05): 3-12+80.

[22] 贺立龙, 姜召花. 新农保的消费增进效应——基于 CHARLS 数据的分析 [J]. 人口与经济, 2015 (01): 116-125.

[23] 胡宏兵, 高娜娜. 城乡二元结构养老保险与农村居民消费不足 [J]. 宏观经济研究, 2017 (07): 104-113+127.

[24] 胡日东, 苏梽芳. 中国城镇化发展与居民消费增长关系的动态分析——基于 VAR 模型的实证研究 [J]. 上海经济研究, 2007 (05): 58-65.

[25] 胡永刚, 郭长林. 财政政策规则、预期与居民消费——基于经济波动的视角 [J]. 经济研究, 2013, 48(03): 96-107.

[26] 黄睿. 新型农村社会养老保险对高龄农民家庭消费的影响——基于 2011～2013 年 CHARLS 数据的研究 [J]. 经济体制改革, 2016 (06): 84-92.

[27] 黄莹. 中国社会养老保险制度转轨的经济学分析——基于储蓄和经济增长的研究视角 [J]. 中国经济问题, 2009 (03): 38-43.

[28] 姜百臣, 马少华. 农民消费特征检视: 由社会保障和信贷方式双重约束 [J]. 改革, 2010 (12): 126-131.

[29] 蒋姣, 赵昕东. 领取新型农村社会养老保险对消费结构的影响 [J]. 调研世界, 2020 (08): 40-47.

[30] 蒋彧, 全梦贞. 中国人口结构、养老保险与居民消费 [J]. 经济经纬, 2018, 35(01): 131-137.

[31] 蒋云赟. 我国养老保险对国民储蓄挤出效应实证研究——代际核算体系模拟测算的视角 [J]. 财经研究, 2010, 36(03): 14-24.

[32] 康书隆, 余海跃, 王志强. 基本养老保险与城镇家庭消费: 基于借贷约束视角的分析 [J]. 世界经济, 2017, 40(12): 165-188.

[33] 雷潇雨, 龚六堂. 城镇化对于居民消费率的影响: 理论模型与实证分析 [J]. 经济研究, 2014, 49(06): 44-57.

[34] 雷晓燕, 谭力, 赵耀辉. 退休会影响健康吗?[J]. 经济学（季刊）, 2010, 9(04): 1539-1558.

[35] 雷震, 张安全. 预防性储蓄的重要性研究: 基于中国的经验分析 [J]. 世界经济, 2013, 36(06): 126-144.

[36] 李傲, 杨志勇, 赵元凤. 精准扶贫视角下医疗保险对农牧户家庭消费的影响研究——基于内蒙古自治区730份农牧户的问卷调查数据 [J]. 中国农村经济, 2020, (02): 118-133.

[37] 李宏彬, 施新政, 吴斌珍. 中国居民退休前后的消费行为研究 [J]. 经济学（季刊）, 2015, 14(01): 117-134.

[38] 李慧, 孙东升. 新型农村社会养老保险对我国农民消费的影响——基于SEM的实证研究 [J]. 经济问题, 2014, (09): 68-71.

[39] 李树良. 新型农村社会保障对农民消费观念和耐用品消费的影响 [J]. 西部论坛, 2016, 26(03): 37-44.

[40] 李雪增, 朱崇实. 养老保险能否有效降低家庭储蓄——基于中国省际动态面板数据的实证研究 [J]. 厦门大学学报（哲学社会科学版）, 2011 (03): 24-31.

[41] 李燕桥, 臧旭恒. 中国城镇居民预防性储蓄动机强度检验 [J].

经济学动态，2011 (05): 31-36.

[42] 李珍，赵青. 我国城镇养老保险制度挤进了居民消费吗？——基于城镇的时间序列和面板数据分析 [J]. 公共管理学报，2015, 12(04): 102-110+158.

[43] 梁鸿. 储蓄的生命周期现象与养老保险 [J]. 市场与人口分析，2000 (02): 9-13.

[44] 刘建国. 我国农户消费倾向偏低的原因分析 [J]. 经济研究，1999 (03): 54-60+67.

[45] 刘钧. 论社会保障在消费启动中的作用 [J]. 消费经济，2000 (02): 33-36.

[46] 柳清瑞. 部分积累制养老保险计划对消费决策的影响 [J]. 中国人口科学，2005 (S1): 140-143.

[47] 柳清瑞，穆怀中. 养老金替代率对私人储蓄的影响：一个理论模型 [J]. 社会保障研究，2009a, (02): 3-7.

[48] 柳清瑞，穆怀中. 中国城镇养老保险制度运行的合意性分析——以辽宁试点为例 [J]. 人口与发展，2009b, 15(01): 66-75.

[49] 龙志和. 我国城镇居民消费行为研究 [J]. 经济研究，1994 (04): 66-72+56.

[50] 龙志和，周浩明. 西方预防性储蓄假说评述 [J]. 经济学动态，2000a, (03): 63-66.

[51] 龙志和，周浩明. 中国城镇居民预防性储蓄实证研究 [J]. 经济研究，2000b, (11): 33-38+79.

[52] 吕旺实. 建立农民工统筹储蓄社会保险制度——面对"十一五"

规划的一项建议 [J]. 财政研究, 2006 (01): 18-21.

[53] 罗楚亮. 经济转轨、不确定性与城镇居民消费行为 [J]. 经济研究, 2004 (04): 100-106.

[54] 马光荣, 周广肃. 新型农村养老保险对家庭储蓄的影响: 基于 CFPS 数据的研究 [J]. 经济研究, 2014, 49(11): 116-129.

[55] 马国贤. 我国社会保障制度改革的一种新思路——谈"储蓄制" [J]. 财政研究, 1994 (12): 12-17.

[56] 宁光杰, 范义航. 我国养老保险并轨制改革的收入和消费效应分析 [J]. 山东大学学报 (哲学社会科学版), 2020 (03): 136-148.

[57] 彭浩然, 申曙光. 现收现付制养老保险与经济增长: 理论模型与中国经验 [J]. 世界经济, 2007 (10): 67-75.

[58] 蒲晓红. 养老保险的储蓄效应 [J]. 当代经济研究, 2003 (11): 56-59.

[59] 人民银行调查统计司经济分析一处. 当前我国居民储蓄心态调查——第三次城乡居民储蓄意向抽样问卷调查情况综述 [J]. 银行与企业, 1991 (05): 38-39+45.

[60] 尚进云, 薛兴利. 新型农村社会养老保险运行评价研究 [J]. 人口与经济, 2012 (01): 91-96.

[61] 尚长风. 破解农村养老保险困境的创新制度及评价 [J]. 财政研究, 2007 (09): 48-51.

[62] 石阳, 王满仓. 现收现付制养老保险对储蓄的影响——基于中国面板数据的实证研究 [J]. 数量经济技术经济研究, 2010, 27(03): 96-106.

[63] 宋月萍, 宋正亮. 医疗保险对流动人口消费的促进作用及其机制 [J]. 人口与经济, 2018 (03): 115-126.

[64] 宋铮. 中国居民储蓄行为研究 [J]. 金融研究, 1999 (06): 47-51+81.

[65] 孙计领, 胡荣华. 收入水平、消费压力与幸福感 [J]. 财贸研究, 2017, 28(02): 1-8.

[66] 汤晓莉. 自愿储蓄、强制储蓄和"税收—债券发行"安排——三种社会保障机制的比较研究 [J]. 金融研究, 2000 (12): 14-24.

[67] 田玲, 刘章艳. 基本养老保险能有效缓解居民消费压力感知吗?——基于中国综合社会调查(CGSS)的经验证据 [J]. 中国软科学, 2017 (01): 31-40.

[68] 童金立. 当前我国城乡居民储蓄心态调查——第六次城乡居民储蓄意向抽样问卷调查情况综述 [J]. 银行与企业, 1992 (09): 8-10.

[69] 万广华, 史清华, 汤树梅. 转型经济中农户储蓄行为: 中国农村的实证研究 [J]. 经济研究, 2003 (05): 3-12+91.

[70] 万广华, 张茵, 牛建高. 流动性约束、不确定性与中国居民消费 [J]. 经济研究, 2001 (11): 35-44+94.

[71] 汪润泉, 赵彤. 就业类型、职工养老保险与农民工城市消费 [J]. 农业技术经济, 2018 (02): 77-88.

[72] 王策, 周博. 房价上涨、涟漪效应与预防性储蓄 [J]. 经济学动态, 2016 (08): 71-81.

[73] 王成, KHAN J. 财政压力下消费券的杠杆设计——兼论刺激消费的资金来源问题 [J]. 财政研究, 2020 (09): 29-39.

[74] 王东进. 完善社会保障体系促进国内消费 [J]. 宏观经济研究, 2000 (01): 55-56.

[75] 王兰芳, 黄亚兰. 强制储蓄型养老保险——针对农民工流动性的设计 [J]. 人口与经济, 2010 (02): 53-57+75.

[76] 王晓洁. 新型农村养老保险制度中财政补贴对农民缴费能力影响分析——基于2010年河北省37个试点县数据的考察 [J]. 财贸经济, 2012 (11): 29-36.

[77] 王亚柯. 中国养老保险制度的储蓄效应 [J]. 中国人民大学学报, 2008 (03): 75-81.

[78] 王燕, 徐滇庆, 王直, 等. 中国养老金隐性债务、转轨成本、改革方式及其影响——可计算一般均衡分析 [J]. 经济研究, 2001 (05): 3-12+94.

[79] 王卓祺. 强迫储蓄、社会保险和资源再分配——新加坡中央公积金三十八年经验的启示 [J]. 经济社会体制比较, 1995 (01): 46-47+16.

[80] 尉高师, 雷明国. 求解中国消费之谜——熊彼特可能是对的 [J]. 管理世界, 2003 (03): 17-22.

[81] 温海红, 张思锋, 蒋坤. 新型农村社会养老保险基金收支测算分析——以宝鸡市为例 [J]. 兰州大学学报(社会科学版), 2012, 40(02): 111-117.

[82] 吴庆田, 陈孝光. 农村社会保障消费效应的协整分析与误差修正模型 [J]. 统计与决策, 2009, (18): 79-80.

[83] 吴玉锋. 新型农村社会养老保险参与行为实证分析——以村

域社会资本为视角[J]. 中国农村经济, 2011 (10): 64-76.

[84]杨翠迎, 汪润泉. 城市社会保障对城乡户籍流动人口消费的影响[J]. 上海经济研究, 2016 (12): 97-104.

[85]杨河清, 陈汪茫. 中国养老保险支出对消费的乘数效应研究——以城镇居民面板数据为例[J]. 社会保障研究, 2010 (03): 3-13.

[86]杨继军, 张二震. 人口年龄结构、养老保险制度转轨对居民储蓄率的影响[J]. 中国社会科学, 2013 (08): 47-66+205.

[87]杨汝岱, 陈斌开. 高等教育改革、预防性储蓄与居民消费行为[J]. 经济研究, 2009, 44(08): 113-124.

[88]杨思群. 社会保障、储蓄与资本形成[J]. 财贸经济, 1998 (03): 51-56.

[89]杨一帆. 中国农村社会养老保险制度的困境、反思与展望——基于城乡统筹发展视角的研究[J]. 人口与经济, 2009 (01): 67-73.

[90]杨天宇, 王小婷. 我国社会保障支出对居民消费行为的影响研究[J]. 探索, 2007 (05): 63-66.

[91]姚东旻, 许艺煊, 张鹏远. 灾难经历、时间偏好与家庭储蓄行为[J]. 世界经济, 2019, 42(01): 145-169.

[92]叶海云. 试论流动性约束、短视行为与我国消费需求疲软的关系[J]. 经济研究, 2000 (11): 39-44.

[93]易行健, 王俊海, 易君健. 预防性储蓄动机强度的时序变化与地区差异——基于中国农村居民的实证研究[J]. 经济研究, 2008 (02): 119-131.

[94]易行健, 周利, 张浩. 城镇化为何没有推动居民消费倾向的提

升?——基于半城镇化率视角的解释[J].经济学动态,2020 (08): 119-130.

[95]于新亮,张文瑞,郭文光,等.养老保险制度统一与劳动要素市场化配置——基于公私部门养老金并轨改革的实证研究[J].中国工业经济,2021 (01): 36-55.

[96]余永定,李军.中国居民消费函数的理论与验证[J].中国社会科学,2000 (01): 123-133+207.

[97]袁志刚,葛劲峰.由现收现付制向基金制转轨的经济学分析[J].复旦学报(社会科学版),2003 (04): 45-51.

[98]袁志刚,宋铮.城镇居民消费行为变异与我国经济增长[J].经济研究,1999 (11): 20-28.

[99]袁志刚,宋铮.人口年龄结构、养老保险制度与最优储蓄率[J].经济研究,2000 (11): 24-32+79.

[100]岳爱,杨矗,常芳,等.新型农村社会养老保险对家庭日常费用支出的影响[J].管理世界,2013 (08): 101-108.

[101]岳远斌,韩海容.养老保险基金对储蓄和投资的影响分析[J].保险研究,1997 (10): 19-21.

[102]臧旭恒.中国消费函数分析[M].上海:上海人民出版社,1994.

[103]臧旭恒,李晓飞.养老保险"多轨制"与家庭消费差距[J].现代经济探讨,2021 (03): 21-32.

[104]臧旭恒,朱春燕.预防性储蓄理论——储蓄(消费)函数理论的新进展[J].经济学动态,2000 (08): 61-65.

[105] 张彬斌, 陆万军. 中国家庭存在退休者消费之谜吗?——基于CHARLS数据的实证检验[J]. 劳动经济研究, 2014, 2(04): 103-120.

[106] 张川川, GILES J, 赵耀辉. 新型农村社会养老保险政策效果评估——收入、贫困、消费、主观福利和劳动供给[J]. 经济学(季刊), 2015, 14(01): 203-230.

[107] 张虹, 王波. 社会基本养老保险对老年人消费影响的实证研究[J]. 财经问题研究, 2014 (04): 62-67.

[108] 张静. 城镇职工基本养老保险制度可持续发展分析[J]. 人口与经济, 2009 (S1): 160-162.

[109] 张克中, 江求川. 老龄化、退休与消费——中国存在"退休-消费之谜"吗?[J]. 人口与经济, 2013 (05): 10-18.

[110] 张攀峰, 陈池波. 新型社会保障对农村居民消费的影响研究——基于农户调研数据的微观分析[J]. 调研世界, 2012 (01): 25-28.

[111] 张平. 消费者行为的统计检验、制度解释和宏观效果分析[J]. 经济研究, 1997 (02): 43-51.

[112] 张彦, 李春根. 企事业机关单位养老保险制度并轨后的公平性研究[J]. 财政研究, 2016 (12): 50-63.

[113] 赵昕东, 王昊, 刘婷. 人口老龄化、养老保险与居民储蓄率[J]. 中国软科学, 2017 (08): 156-165.

[114] 郑伟, 孙祁祥. 中国养老保险制度变迁的经济效应[J]. 经济研究, 2003 (10): 75-85+93.

[115] 中国人民银行总行调查统计司. 当前我国居民储蓄心态调查——第五次城乡居民储蓄意向抽样问卷调查综述[J]. 银行与企业,

1992 (06): 26-28.

[116] 周广肃, 张玄逸, 贾珅, 等. 新型农村社会养老保险对消费不平等的影响 [J]. 经济学（季刊）, 2020, 19(04): 1467-1490.

[117] 周心怡, 蒋云赟. 基本养老保险全国统筹、人口流动与地区不平衡 [J]. 财政研究, 2021 (03): 84-100.

[118] 朱波, 杭斌. 养老保险对居民消费影响的实证分析 [J]. 统计与决策, 2014 (24): 160-163.

[119] 朱诗娥, 杨汝岱, 吴比. 新型农村养老保险对居民消费的影响评估 [J]. 学术月刊, 2019, 51(11): 60-69.

[120] 邹红, 喻开志. 退休与城镇家庭消费: 基于断点回归设计的经验证据 [J]. 经济研究, 2015, 50(01): 124-139.

[121] 邹红, 喻开志, 李奥蕾. 养老保险和医疗保险对城镇家庭消费的影响研究 [J]. 统计研究, 2013, 30(11): 60-67.

[122] 邹丽丽, 罗元文. 养老保险统筹层次提升中的职工个人福利效应研究 [J]. 人口与发展, 2019, 25(05): 30-37.

[123] AGUIAR M, HURST E. Consumption versus Expenditure[J]. Journal of Political Economy, 2005, 113(5): 919-948.

[124] AGUIAR M, HURST E. Life-Cycle Prices and Production[J]. American Economic Review, 2007, 97(5): 1533-1559.

[125] AGUIAR M, HURST E. Deconstructing Life Cycle Expenditure[J]. Journal of Political Economy, 2013, 121(3): 437-492.

[126] AGUILA E. Personal Retirement Accounts and Saving[J]. American Economic Journal: Economic Policy, 2011, 3(4): 1-24.

[127]ALESSIE R, ANGELINI V, VAN SANTEN P. Pension wealth and household savings in Europe: Evidence from SHARELIFE[J]. European Economic Review, 2013, 63: 308-328.

[128]ANDO A, MODIGLIANI F. The "Life Cycle" Hypothesis of Saving: Aggregate Implications and Tests[J]. The American Economic Review, 1963, 53(1): 55-84.

[129]ANGRIST J D, PISCHKE J-S. Mostly Harmless Econometrics: An Empiricist's Companion[M]. Princeton University Press, 2009.

[130]ATTANASIO O P, BRUGIAVINI A. Social Security and Households' Saving[J]. The Quarterly Journal of Economics, 2003, 118(3): 1075-1119.

[131]ATTANASIO O P, ROHWEDDER S. Pension Wealth and Household Saving: Evidence from Pension Reforms in the United Kingdom[J]. American Economic Review, 2003, 93(5): 1499-1521.

[132]BANKS J, BLUNDELL R, TANNER S. Is There a Retirement-Savings Puzzle?[J]. American Economic Review, 1998, 88(4): 769-788.

[133]BARRO R J. Are Government Bonds Net Wealth?[J]. Journal of Political Economy, 1974, 82(6): 1095-1117.

[134]BARRO R J, MACDONALD G M. Social security and consumer spending in an international cross section[J]. Journal of Public Economics, 1979, 11(3): 275-289.

[135]BATTISTIN E, BRUGIAVINI A, RETTORE E, et al. The Retirement Consumption Puzzle: Evidence from a Regression

Discontinuity Approach[J]. American Economic Review, 2009, 99(5): 2209-2226.

[136]BERNHEIM B D. How Much Should Americans Be Saving for Retirement?[J]. American Economic Review, 2000, 90(2): 288-292.

[137]BERNHEIM B D, LEVIN L. Social Security and Personal Saving: An Analysis of Expectations[J]. American Economic Review, 1989, 79(2): 97-102.

[138]BOAR C. Dynastic Precautionary Savings[J]. Review of Economic Studies, 2021, 88(6): 2735-2765.

[139]BOTTAZZI R, JAPPELLI T, PADULA M. Retirement expectations, pension reforms, and their impact on private wealth accumulation[J]. Journal of Public Economics, 2006, 90(12): 2187-2212.

[140]BRADY D S, FRIEDMAN R D. Savings and the Income Distribution[M]// Studies in Income and Wealth, Volume 10. National Bureau of Economic Research, Inc, 1947.

[141]CAGAN P. The Effect of Pension Plans on Aggregate Saving: Evidence from a Sample Survey[M]. National Bureau of Economic Research, Inc, 1965.

[142]CAMPBELL J, DEATON A. Why is Consumption So Smooth?[J]. Review of Economic Studies, 1989, 56(3): 357-373.

[143]CAMPBELL J Y, MANKIW N G. Consumption, Income, and Interest Rates: Reinterpreting the Time Series Evidence[M]// NBER

Macroeconomics Annual 1989, Volume 4. MIT Press, 1989.

[144]CARROLL C D. How does Future Income Affect Current Consumption?[J]. The Quarterly Journal of Economics, 1994, 109(1): 111-147.

[145]CARROLL C D. Buffer-Stock Saving and the Life Cycle/Permanent Income Hypothesis[J]. The Quarterly Journal of Economics, 1997, 112(1): 1-55.

[146]CARROLL C D, OVERLAND J, WEIL D N. Saving and Growth with Habit Formation[J]. American Economic Review, 2000, 90(3): 341-355.

[147]CARROLL C D, SUMMERS L H. Consumption Growth Parallels Income Growth: Some New Evidence[M]// National Saving and Economic Performance. University of Chicago Press, 1991.

[148]CATTANEO M D, JANSSON M, MA X. Simple Local Polynomial Density Estimators[J]. Journal of the American Statistical Association, 2020, 115(531): 1449-1455.

[149]COMMAULT J. Does Consumption Respond to Transitory Shocks? Reconciling Natural Experiments and Semistructural Methods[J]. American Economic Journal: Macroeconomics, 2022, 14(2): 96-122.

[150]CURTIS C C, LUGAUER S, MARK N C. Demographic Patterns and Household Saving in China[J]. American Economic Journal: Macroeconomics, 2015, 7(2): 58-94.

[151]DARBY M R. The Effects of Social Security on Income and

the Capital Stock[M]. American Enterprise Institute, 1979.

[152]DEATON A. Saving in Developing Countries: Theory and Review[J]. The World Bank Economic Review, 1989, 3(suppl_1): 61-96.

[153]DEATON A. Saving and Liquidity Constraints[J]. Econometrica, 1991, 59(5): 1221-1248.

[154]DEATON A. Understanding Consumption[M]. Oxford University Press, 1992.

[155]DIAMOND P A, HAUSMAN J A. Individual retirement and savings behavior[J]. Journal of Public Economics, 1984, 23(1-2): 81-114.

[156]DOLLS M, DOERRENBERG P, PEICHL A, et al. Do retirement savings increase in response to information about retirement and expected pensions?[J]. Journal of Public Economics, 2018, 158: 168-179.

[157]DUESENBERRY J S. Income, saving, and the theory of consumer behavior[M]. Cambridge: Harvard University Press, 1949.

[158]DYNAN K E. How Prudent are Consumers?[J]. Journal of Political Economy, 1993, 101(6): 1104-1113.

[159]ERLANDSEN S, NYMOEN R. Consumption and population age structure[J]. Journal of Population Economics, 2008, 21(3): 505-520.

[160]ESPOSITO L. Effect of social security on saving: review of studies using U.S. time-series data[J]. Social Security Bulletin, 1978, 41(5): 9-17.

[161]FELDSTEIN M. International differences in social security and saving[J]. Journal of Public Economics, 1980, 14(2): 225-244.

[162]FELDSTEIN M. Social security and saving: new time series evidence[J]. National Tax Journal, 1996, 49(2): 151-164.

[163]FELDSTEIN M S. Social Security, Induced Retirement, and Aggregate Capital Accumulation[J]. Journal of Political Economy, 1974, 82(5): 905-926.

[164]FELDSTEIN M S. Social Security and Private Saving: Reply[J]. Journal of Political Economy, 1982, 90(3): 630-642.

[165]FLAVIN M A. The Adjustment of Consumption to Changing Expectations about Future Income[J]. Journal of Political Economy, 1981, 89(5): 974-1009.

[166]FLAVIN M A. The Joint Consumption/Asset Demand Decision: A Case Study in Robust Estimation[R]. National Bureau of Economic Research, Inc, 1991.

[167]FRIEDMAN M. A Theory of the Consumption Function[M]. Princeton: Princeton University Press, 1957.

[168]GALE W G. The Effects of Pensions on Household Wealth: A Reevaluation of Theory and Evidence[J]. Journal of Political Economy, 1998, 106(4): 706-723.

[169]GOODMAN L. Catching up or crowding out? The crowd-out effects of catch-up retirement contributions on non-retirement saving[J]. Journal of Public Economics, 2020, 188:104-221.

[170]GOURINCHAS P-O, PARKER J A. The Empirical Importance of Precautionary Saving[J]. American Economic Review, 2001, 91(2): 406-412.

[171]GUSTMAN A L, STEINMEIER T L. Effects of social security policies on benefit claiming, retirement and saving[J]. Journal of Public Economics, 2015, 129: 51-62.

[172]HAHN J, TODD P, VANDER KLAAUW W. Identification and Estimation of Treatment Effects with a Regression-Discontinuity Design[J]. Econometrica, 2001, 69(1): 201-209.

[173]HALL R E. Stochastic Implications of the Life Cycle-Permanent Income Hypothesis: Theory and Evidence[J]. Journal of Political Economy, 1978, 86(6): 971-987.

[174]HALL R E, MISHKIN F S. The Sensitivity of Consumption to Transitory Income: Estimates from Panel Data on Households[J]. Econometrica, 1982, 50(2): 461-481.

[175]HAMERMESH D S. Consumption during Retirement: The Missing Link in the Life Cycle[J]. The Review of Economics and Statistics, 1984, 66(1): 1-7.

[176]HAYASHI F. The Permanent Income Hypothesis: Estimation and Testing by Instrumental Variables[J]. Journal of Political Economy, 1982, 90(5): 895-916.

[177]HUANG W, ZHANG C. The Power of Social Pensions: Evidence from China's New Rural Pension Scheme[J]. American Economic

Journal: Applied Economics, 2021, 13(2): 179-205.

[178]HUBBARD R G. Pension Wealth and Individual Saving: Some New Evidence[J]. Journal of Money, Credit and Banking, 1986, 18(2): 167-178.

[179]HUBBARD R G. Uncertain Lifetimes, Pensions, and Individual Saving[M]// Issues in Pension Economics. National Bureau of Economic Research, Inc, 1987.

[180]HUBBARD R G, JUDD K L. Social Security and Individual Welfare: Precautionary Saving, Borrowing Constraints, and the Payroll Tax[J]. American Economic Review, 1987, 77(4): 630-646.

[181]HUBBARD R G, SKINNER J, ZELDES S P. Precautionary Saving and Social Insurance[J]. Journal of Political Economy, 1995, 103(2): 360-399.

[182]IMBENS G W, LEMIEUX T. Regression discontinuity designs: A guide to practice[J]. Journal of Econometrics, 2008, 142(2): 615-635.

[183]KATONA G. Private pensions and individual saving[M]. Ann Arbor: Survey Research Center, Institute for Social Research, University of Michigan, 1965.

[184]KIMBALL M S. Precautionary Saving in the Small and in the Large[J]. Econometrica, 1990, 58(1): 53-73.

[185]KOTLIKOFF L J. Testing the Theory of Social Security and Life Cycle Accumulation[J]. American Economic Review, 1979, 69(3):

396-410.

[186]KUZNETS S. Uses of National Income in Peace and War[M]// Uses of National Income in Peace and War. National Bureau of Economic Research, Inc, 1942.

[187]LACHOWSKA M, MYCK M. The Effect of Public Pension Wealth on Saving and Expenditure[J]. American Economic Journal: Economic Policy, 2018, 10(3): 284-308.

[188]LEE D S, LEMIEUX T. Regression Discontinuity Designs in Economics[J]. Journal of Economic Literature, 2010, 48(2): 281-355.

[189]LEE J-J, SAWADA Y. Precautionary saving under liquidity constraints: Evidence from rural Pakistan[J]. Journal of Development Economics, 2010, 91(1): 77-86.

[190]LEFF N H. Dependency Rates and Savings Rates[J]. The American Economic Review, 1969, 59(5): 886-896.

[191]LEIMER D R, LESNOY S D. Social Security and Private Saving: New Time-Series Evidence[J]. Journal of Political Economy, 1982, 90(3): 606-629.

[192]LELAND H E. Saving and Uncertainty: The Precautionary Demand for Saving[J]. The Quarterly Journal of Economics, 1968, 82(3): 465-473.

[193]LESNOY S D, LEIMER D R. Social security and private saving: theory and historical evidence[J]. Social Security Bulletin, 1985, 48(1): 14-30.

[194]LOEWENSTEIN G, PRELEC D. Anomalies in Intertemporal Choice: Evidence and an Interpretation[J]. The Quarterly Journal of Economics, 1992, 107(2): 573-597.

[195]MANKIW N G. Hal's consumption hypothesis and durable goods[J]. Journal of Monetary Economics, 1982, 10(3): 417-425.

[196]MCCRARY J. Manipulation of the running variable in the regression discontinuity design: A density test[J]. Journal of Econometrics, 2008, 142(2): 698-714.

[197]MODIGLIANI F. Life Cycle, Individual Thrift, and the Wealth of Nations[J]. American Economic Review, 1986, 76(3): 297-313.

[198]MODIGLIANI F, BRUMBERG R. Utility Analysis and the Consumption Function: An Interpretation of Cross-Section Data[M]// Post Keynesian Economics. New Brunswick: Rutgers University Press, 1954.

[199]MODIGLIANI F, BRUMBERG R. Utility Analysis and Aggregate Consumption Functions: An Attempt at Integration[M]// The Collected Papers of Franco Modigliani, Volume 2. Cambridge: MIT Press, 1979.

[200]MODIGLIANI F, CAO S L. The Chinese Saving Puzzle and the Life-Cycle Hypothesis[J]. Journal of Economic Literature, 2004, 42(1): 145-170.

[201]MODIGLIANI F, STERLING A. Determinants of private saving with special reference to the role of social security : cross

country tests[D]. 1981.

[202]MUNNELL A H. The impact of social security on personal savings[J]. National Tax Journal, 1974, 27(4): 553-567.

[203]OKUMURA T, USUI E. The effect of pension reform on pension-benefit expectations and savings decisions in Japan[J]. Applied Economics, 2014, 46(14): 1677-1691.

[204]PARKER J A. Why Don't Households Smooth Consumption? Evidence from a $25 Million Experiment[J]. American Economic Journal: Macroeconomics, 2017, 9(4): 153-183.

[205]SAMWICK A A. New evidence on pensions, social security, and the timing of retirement[J]. Journal of Public Economics, 1998, 70(2): 207-236.

[206]SANDMO A. The Effect of Uncertainty on Saving Decisions[J]. Review of Economic Studies, 1970, 37(3): 353-360.

[207]SCHOLZ J K, SESHADRI A, KHITATRAKUN S. Are Americans Saving "Optimally" for Retirement?[J]. Journal of Political Economy, 2006, 114(4): 607-643.

[208]SENESI P. Population dynamics and life-cycle consumption[J]. Journal of Population Economics, 2003, 16(2): 389-394.

[209]SHEA J. Union Contracts and the Life-Cycle/Permanent-Income Hypothesis[J]. The American Economic Review, 1995, 85(1): 186-200.

[210]SHEFRIN H M, THALER R H. The Behavioral Life-Cycle Hypothesis[J]. Economic Inquiry, 1988, 26(4): 609-643.

[211]STEPHENS M, UNAYAMA T. The Consumption Response to Seasonal Income: Evidence from Japanese Public Pension Benefits[J]. American Economic Journal: Applied Economics, 2011, 3(4): 86-118.

[212]VELARDE M, HERRMANN R. How retirement changes consumption and household production of food: Lessons from German time-use data[J]. The Journal of the Economics of Ageing, 2014, 3: 1-10.

[213]WILCOX D W. Social Security Benefits, Consumption Expenditure, and the Life Cycle Hypothesis[J]. Journal of Political Economy, 1989, 97(2): 288-304.

[214]ZELDES S P. Consumption and Liquidity Constraints: An Empirical Investigation[J]. Journal of Political Economy, 1989a, 97(2): 305-346.

[215]ZELDES S P. Optimal Consumption with Stochastic Income: Deviations from Certainty Equivalence[J]. The Quarterly Journal of Economics, 1989b, 104(2): 275-298.